Exemplaire *unique* en pareille condition
Offert par l'auteur à la Bibliothèque Nationale
P. Durrieu

LE COMTE PAUL DURRIEU

Manuscrits de luxe

EXÉCUTÉS POUR

DES PRINCES ET DES GRANDS SEIGNEURS FRANÇAIS

(Notes et Monographies)

Suite d'articles insérés en 1895 dans la revue Le Manuscrit

Bonnes feuilles d'un tirage à part demeuré en suspens, complétées dans cet exemplaire au moyen de coupures de la revue où les articles paraissaient.

Manuscrits de luxe

EXÉCUTÉS POUR

DES PRINCES ET DES GRANDS SEIGNEURS FRANÇAIS

Il existe, dans les bibliothèques publiques et dans quelques collections particulières privilégiées, un assez grand nombre de très beaux manuscrits, exécutés pour des princes et des grands seigneurs français, qui n'ont pas encore été suffisamment mis en lumière, quand ils ne sont même pas, quelquefois, demeurés tout à fait inconnus du public.

Je me propose, dans une série d'études ayant un caractère de monographies, de passer successivement en revue un certain nombre de ces manuscrits, en les considérant surtout sous le rapport de leurs peintures et de leurs autres ornements.

I

Le Strabon du Roi René

Pour inaugurer la série de ces études, je ne saurais trouver, dans la galerie des personnages de notre vieille France ayant eu du goût pour les livres de luxe, de figure à la fois plus connue du grand nombre et plus sympathique que celle, presque légendaire, du roi René.

Que le bon roi René ait réuni une bibliothèque importante, la chose paraît hors de doute : un de ses familiers et de ses émules en littérature, son sénéchal d'Anjou, Louis de Beauvau, a parlé de cette bibliothèque dans le prologue de sa traduction du *Philostrate* de Boccace (1). Il se dépeint lui-même entrant un jour, seul, « en ung petit comptouer derrière la chambre et emprès le retrait du roy de Sicile », où il se prit « à revirer et reverser mains romans et mains livres ». Ce passage nous prouve l'amour du roi René pour ses livres. On voit qu'il voulait les avoir à sa portée, tout près de sa chambre, à côté d'un de ces « retraits » que des sièges et des tables rendaient propres à l'étude, et où il faisait parfois travailler sous ses propres yeux ses artistes et ouvriers favoris.

Malheureusement, sur la composition détaillée de cette bibliothèque du roi René, les renseignements nous manquent. Un inventaire du château d'Angers, dressé de décembre 1471 à février 1472, mentionne bien quelques manuscrits ; mais déjà alors le roi René avait quitté l'Anjou pour s'installer définitivement en Provence. Or, le roi fit transporter dans ce dernier pays la majeure partie de ses livres(2). Il ne restait plus à Angers qu'un petit nombre de volumes, qui paraissent être, au point de vue matériel, de valeur assez secondaire, la plupart étant, en effet, tranerits seulement sur papier. Le plus précieux était probablement un Dante, « ung livre en parchemin nommé *Dente de Fleurence*, escript en lettre ytalienne » (1).

Plus tard, après la mort du roi René en 1480, une partie au moins de sa bibliothèque échut à son neveu et héritier Charles d'Anjou, comte du Maine, qui fut le dernier comte de Provence. Celui-ci ne survécut que dix-sept mois à son oncle ; et à son tour il légua la collection, qu'il avait augmentée lui-même de plusieurs volumes, au couvent des Frères Prêcheurs de Saint-Maximin. M. l'abbé Albanès a retrouvé aux Archives des Bouches-du-Rhône et publié un très précieux inventaire, dressé en 1508, de cette bibliothèque du couvent de Saint-Maximin, que l'on appelait « la Bibliothèque du roi René et de Charles d'Anjou » et où quelques imprimés se mêlaient aux manuscrits (2).

Cet inventaire a ceci d'intéressant pour nous que le rédacteur s'est attaché aux particularités matérielles des volumes. Il a toujours soin d'indiquer ceux qui étaient décorés, qu'ils fussent historiés, c'est-à-dire illustrés de miniatures proprement dites, ou seulement enluminés. Le nombre de ces livres plus ou moins ornés atteint le chiffre de quarante. Sur plusieurs étaient peintes des armoiries que l'inventaire n'a garde d'oublier. En plusieurs cas, ces armoiries sont celles de la maison royale de France, aux fleurs de lys sur fond d'azur. Dans d'autres cas, ce sont au contraire des écussons d'étrangers à la famille royale : un écusson à quatre barres de gueules sur fond d'or, les armoiries de l'Empereur. Trois volumes sont mentionnés comme portant le blason de René lui-même :

« Un *Lactance* (septem libri Lactancii), en parchemin, de grand format, historié au premier feuillet, aux armes du roi René ».

(1) Bibl. nationale, mss. français 1467 (f° 210), 1472, 1496 et 1501.

(2) Lecoy de la Marche, *Le roi René*, t. II, p. 183.

Du même, *Extraits des comptes et mémoriaux du roi René*, p. 184 et 185.

(1) *Comptes et mémoriaux du roi René*, p. 251 et 262.

(2) *Revue des Sociétés savantes*, 5me série, t. VIII [1874], p. 299, 301 et suiv.

« *Cicéron* : (Marcii Tullii Cicero[nis] oratio), en parchemin et de grand format ; historié d'or et d'azur au premier feuillet et en plusieurs autres endroits : et sur son premier feuillet sont dix écussons et emblèmes de divers princes, et à droite les armes du roi René. »

« *Livre de Jean Boccace, philosophe*, enluminé d'or, d'azur et de diverses couleurs, en parchemin et de grand format, et en « français des Italiens » *(in gallico Ytalicorum)*, historié à son premier feuillet, avec l'écusson des armes du roi René (1).

Mais cette bibliothèque ainsi léguée par Charles d'Anjou, dernier comte de Provence, au couvent de Saint-Maximin, était sans doute, suivant une judicieuse remarque de M. Paul Meyer, fort loin de comprendre tous les livres ayant appartenu au roi René. En tout cas, dans l'inventaire publié, nous chercherions vainement plusieurs très beaux manuscrits que nous savons cependant avoir été la propriété du Bon Roi. On n'y rencontre, par exemple, ni aucun de ses livres d'heures, ni une précieuse vie de saint Denis, jadis offerte à Philippe-le-Long, sur laquelle René a fait peindre en surcharge, comme un ex-libris, ses armes et celles de sa seconde femme Jeanne de Laval (2), ni ces « mains romans » dont parle Louis de Beauvau, ni enfin le manuscrit auquel nous voulons consacrer la présente monographie.

Ce manuscrit est un exemplaire de la traduction en latin de Strabon, par Guarino de Vérone, qui appartient aujourd'hui à la Bibliothèque d'Albi. Il porte dans le catalogue imprimé de cette bibliothèque, publié jadis par Libri (3), le n° 77.

Le volume est de format in-folio, sur parchemin, comptant 391 feuillets (4) qui mesurent 370^{mm} de haut sur 250^{mm} de large, avec 41 lignes d'écriture à la page. Il portait jadis une belle reliure ancienne italienne, peut-être vénitienne. Celle-ci était formée de deux ais de bois recouverts de cuir, avec des ornements très fins et d'excellent style poussés en or sur les plats. On y voyait des traces d'attaches de fermoirs en velours, soie et or. Cette reliure, très usée, a été retirée pour être conservée à part, et a été remplacée sur le volume par une couverture moderne en maroquin brun.

En tête du manuscrit (f° 1) se trouve d'abord une épître dédicatoire au roi René : « Serenissimo ac Illustrissimo regi Renato. Jacobus Antonius Marcellus humiliter se commendat. — Morem illum et dudum antea, etc....... me commendatum intime suscipiet. » Cette épître est terminée par une date : Venise, 13 septembre 1459. « Ex Venetiis, idibus septembris MCCCCLIX. »

Viennent ensuite deux préfaces du traducteur Guarino, l'une adressée à ce « J. A. Marcellus », auteur de l'épître dédicatoire au roi René, l'autre au pape Nicolas V :

« Clarissimi viri Guarini Veronensis proemium in Strabonis translationem ad Beatissimum Papam Nicolaum Quintum — Tuarum plerumque rerum, etc...... pontificante Nicolao Quinto eodemque mandante. »

« Ejusdem Guarini in absolutionem Strabonis inchoati proemium alterum ad insignem ac patricium equestris ordinis virum dominum Jacobum Antonium Marcellum, Venetum. — Veteres illi, etc.......... etiam atque etiam dejunxit officio. »

Ces préfaces sont séparées l'une de l'autre par deux admirables miniatures à pleine page, qui se font face, verso du f° 3 et recto du f° 4. Enfin, à la suite des préambules, commence le texte de la traduction de Strabon : « Strabonis Cappadocis seu Gnossii scriptoris celeberrimi, de Situ Orbis, liber primus.

A la fin du texte est une inscription en capitales de diverses couleurs qui indique le moment où Guarino termina, à Ferrare, la version du géographe grec :

Strabonis de Situ Orbis Terreque descriptione
Liber XVII et ultimus
A Guarino Veronensi in latinam conversus linguam
Absolutus est
Anno Christi MCCCCLVIII, tertio idus julias, Ferrarie

Le volume par lui-même offre un spécimen de ces livres de luxe, comme la librairie italienne du XVe siècle en a produits de si beaux. Il est écrit sur vélin de choix, en caractères ronds. Les titres de tous les chapitres sont en lettres de diverses couleurs, comme la note finale. On y trouve 21 grandes initiales décorées de rinceaux, d'un travail très soigné. Mais ce ne sont là que des mérites qu'on peut rencontrer ailleurs. Ce qui met le volume réellement hors de pair ce sont ces deux miniatures que nous avons mentionnées et dont nous donnons ici des reproductions faites sur des photographies (1).

(1) N°s 86, 98, et 111 de l'inventaire publié par M. l'abbé Albanès.

(2) Bibl. nationale, ms. français, 2,090.

(3) *Catalogue général des manuscrits des Bibliothèques des départements*, t. I. [Paris, 1849, in-4°], p. 494. — Cf. Haenel, *Catal. librorum manuscriptorum*, col. 15 ; Migne, *Dictionnaire des Mss*, col. 80.

Quelques écrivains ont parlé du *Strabon* de la Bibliothèque d'Albi, mais sans entrer, tant s'en faut, dans tous les détails : M. de Quatrebarbes *Les Œuvres du roi René* [Paris, 1845-46, 4 vol. in-4°], t. IV, p. 198 (d'après une note communiquée par M. le chevalier du Mège, de Toulouse) ; Lecoy de la Marche, *Le roi René*, t. II, p. 182 ; Aloïss Heiss, *Les médailleurs de la Renaissance*, fascicule de Francesco Laurana et Pietro da Milano, p. 20 ; fascicule d'Alberti et de Matteo de' Pasti, p. 24 et 25 (d'après Quatrebarbes) ; Jolibois, *Note sur un manuscrit de la Bibliothèque d'Albi*, communication faite à la réunion des Sociétés des Beaux Arts des départements, en 1881 (Compte-rendu de cette réunion, p. 187).

D'après M. Jolibois, le manuscrit de la traduction de Strabon a dû être apporté à Albi par l'évêque Louis d'Amboise. Suivant une autre opinion, il proviendrait de la bibliothèque du cardinal de Bernis. Ce qui est certain, c'est qu'on le trouve inscrit sur le catalogue de la bibliothèque d'Albi dressé par M. Massol, premier bibliothécaire nommé vers 1795.

En commençant cette étude, j'ai l'agréable devoir d'exprimer mes remerciements à M. Taillade, bibliothécaire d'Albi, pour l'amabilité avec laquelle il a bien voulu me fournir quelques renseignements supplémentaires sur le manuscrit.

(4) Numérotés 1 à 389, les feuillets 23 et 222 étant doubles.

(1) C'est la première fois que ces deux superbes pages sont reproduites d'une manière digne de leur importance.

M. de Quatrebarbes a inséré dans ses *Œuvres du roi René*, t. IV, p. 198, une gravure au trait de la seconde. Cette gravure ne donne que très imparfaitement l'impression du style de l'original. Certains détails importants y sont même supprimés : ainsi l'inscription, *Clementiae Augustae*, sur le bas-relief du siège du roi.

La gravure au trait de M. de Quatrebarbes a été redonnée en réduction, avec toutes ses inexactitudes, par Aloïss Heiss, *Les médailleurs de la Renaissance*, fascicule de Francesco Laurana et Pietro da Milano, p. 29 (aussi dans la *Gazette des Beaux-Arts*, 2e période, t. XXV [1882], p. 191). Dans un autre fascicule de son

GUARINO DE VÉRONE PRÉSENTANT À J.-A. MARCELLO SA TRADUCTION DE STRABON

(Première miniature du *Strabon* du Roi René)

Dans ces miniatures, tout se trouve réuni vraiment pour leur donner plus de prix. C'est d'abord la beauté exceptionnelle de l'exécution que nos reproductions, bien qu'ayant la grande infériorité d'être privées du charme de la couleur, permettent cependant d'apprécier. C'est ensuite l'importance des dimensions. Ces deux peintures couvrent chacune la presque totalité d'une face de feuillet. La partie peinte atteint ainsi environ 31 à 32 centimètres de haut, sur 20 à 21 centimètres de largeur; les personnages ont de 18 à 20 centimètres de hauteur. De pareilles proportions sont plutôt déjà celles d'un véritable petit tableau que d'une miniature ordinaire de manuscrit.

Aux qualités d'art, qui dénotent une main de maître, se joint la certitude, tout au moins dans des limites étroites d'approximation, de l'âge et de la provenance locale. L'épître dédicatoire au roi René, en tête du volume, porte la date de : Venise, 1459. C'est vraisemblablement dans la même région et vers le même temps que le manuscrit a dû être exécuté, et par conséquent que ses miniatures ont été peintes.

Nous pouvons donc admirer dans ces deux pages ce qu'on savait faire en ce genre dans l'Italie du Nord, un peu après le milieu du XVe siècle.

Enfin une dernière considération, qui n'est pas la moins digne d'attention, c'est l'intérêt des sujets dans les deux peintures. Celles-ci nous retracent, en effet, l'historique du volume qui les renferme, avec les portraits des personnages très connus dont les noms se trouvent associés aux particularités de son origine. Et cet historique nous est suffisamment raconté, dans ses grandes lignes, par les diverses préfaces qui se succèdent en tête du manuscrit.

La traduction latine de Strabon est, nous l'avons dit, l'œuvre de Guarino de Vérone.

Guarino de Vérone compte, à bon droit, parmi les humanistes les plus dignes d'estime de la première moitié du XVe siècle. Il appartient à cette phalange d'érudits qui eurent la gloire de faire revivre les études grecques, allant étudier le grec jusqu'en Orient sous des maîtres de race hellénique, comme le célèbre Manuel Chrysoloras, puis s'efforçant d'en répandre la connaissance et le goût en Italie, soit en professant, soit en rapportant ou en faisant copier des textes littéraires, soit encore en rendant le contenu des manuscrits grecs accessible au grand public par des traductions en langue latine.

Guarino de Vérone était né à Vérone, d'une noble famille, le 20 décembre 1370. Il passa sa jeunesse à étudier dans sa ville natale, puis à Venise, sous Giovanni da Ravenna. De là, il se rendit, en 1395, avec Paolo Zane, à Constantinople, où il se perfectionna dans la science du grec, auprès de Manuel Chrysoloras. De retour en Italie, il s'établit à Florence et y resta jusqu'en 1414. Au mois d'août 1414, on le retrouve installé à Venise, où il séjourna près de six ans. En mai 1420, il fut nommé professeur à Vérone. Il enseigna dans sa ville natale jusqu'en 1429. La peste l'en chassa en avril 1429, et à la fin de cette même année il fixa sa demeure à Ferrare. Dès lors, pendant plus de trente ans, il professa toujours à Ferrare, jusqu'à sa mort, survenue en octobre ou novembre 1460. Son grand âge ne l'empêcha pas d'écrire tant qu'il vécut. Lorsqu'il expira, le conseil public de Ferrare rendit aussitôt hommage à sa mémoire en décrétant, dès le 23 novembre 1460, un monument à lui élever, dans le monastère des Carmes de San-Paolo (1).

Ajoutons que Guarino n'eut pas moins de treize enfants, sept fils et six filles. L'un de ces fils, Manuele, fut ecclésiastique; un autre, Gregorio, étudia la médecine; le plus jeune, Battista, devint à son tour professeur comme son père. Son petit-fils fut le littérateur Guarino Guarini, connu surtout par sa pastorale du *Pastor Fido*.

La traduction en latin des 17 livres de Strabon paraît être l'œuvre la plus considérable de Guarino de Vérone. Il l'entreprit sur l'ordre et sous le patronage du Pape Nicolas V, dont on connaît le zèle pour tout ce qui touchait aux études. Ce serait même, paraît-il, le pontife en personne qui aurait signalé à Guarino le manuscrit grec de l'ouvrage, se trouvant chez le cardinal Isidore, archevêque de Kiew, que l'on appelait le cardinal de Russie. Ce qui est certain, c'est que Guarino destinait sa traduction à Nicolas V. Il la lui avait dédiée d'avance dans une préface où respire une ardeur presque excessive. « Tu imites en cela, dit-il au Pontife, Notre Seigneur Jésus-Christ, dont tu suis les traces en toutes choses. Comme il a ressuscité Lazare et beaucoup d'autres; de même, des écrivains déjà consumés par la mort, toi, tu les rappelles à la vie; et tu ramènes à la lumière ceux qui sont plongés dans les ténèbres. » En terminant, il formule un titre à mettre en tête de son ouvrage, dans le style des inscriptions, pour rappeler que « Strabon, afin de montrer même aux gens de langue latine la voie pour parcourir l'univers, par la traduction de Guarino de Vérone s'est ouvert aussi aux Italiens, sous le pontificat de Nicolas V et par son commendement ». « Strabo, recte et acute perspiciens, designator acutissimus atque solertissimus, ut et Latinis peragrandi orbis viam commonstraret, Guarini Veronensis interpretamento Italis quoque se aperuit, pontificante Nicolao Quinto eodemque mandante. »

Traduire un ouvrage aussi important que celui de Strabon, n'était pas petite entreprise. Cependant Guarino poussait vivement son œuvre. En septembre 1453, il en était déjà arrivé au quatrième livre, et envoyait à Rome ce début de son manuscrit, peut-être pour être soumis au pape. En 1455, une bonne partie de la traduction était faite (2). Mais un événement douloureux survint, qui arrêta tout à coup Guarino. Le 24 mars 1455, le pape Nicolas V mourait. Cette mort du puissant protecteur auquel il avait dédié l'ouvrage jeta Guarino dans un profond découragement. Pour un temps, il abandonna son travail (3). On put craindre que la traduction de Strabon ne fût menacée de rester inachevée.

ouvrage (Alberti et Matteo de' Pasti, p. 24), Aloïss Heiss a publié également une reproduction de la première miniature, faite cette fois d'après une photographie. Mais cette reproduction est sur une beaucoup trop petite échelle.

(1) Je ne fais que suivre ici le résumé de la vie de Guarino de Vérone, donné par son plus récent historien, M. le professeur R. Sabbadini, *Guarino Veronese e il suo epistolario* (Salerno, 1885, in-8°).

(2) Sabbadini, *op. cit.*, p. 78.

(3) Cette interruption dans le travail peut expliquer comment dans les plus anciennes impressions de la traduction latine de Strabon, celle sans date donnée à Rome par Conrad Sweynheym et Arnold Pannartz et celle de Vendelin de Spire, Venise 1472, il

Par bonheur, Guarino était ou se mit en relations avec un patricien de Venise, occupant une situation très brillante, Jacques-Antoine Marcello. Celui-ci releva le courage abattu du savant véronais. Il n'eut de cesse qu'il ne l'eût décidé à poursuivre son entreprise et à la mener à bonne fin. Grâce à ses exhortations, accompagnées d'ailleurs, nous devons l'ajouter, d'un généreux subside en argent (1), Guarino arriva enfin à pouvoir écrire le mot « achevé » (absolutus) au bas du dernier paragraphe de sa traduction, à la date indiquée par la note finale, que nous avons citée plus haut, du manuscrit d'Albi, c'est-à-dire à Ferrare le 13 juillet 1458.

Guarino n'oublia pas ce qu'il devait à l'intervention de Jacques-Antoine Marcello. De même qu'il avait jadis dédié au pape Nicolas V le début de son travail, de même il en consacra l'achèvement à Marcello, ajoutant à la première préface adressée au Souverain Pontife, une nouvelle introduction toute à l'honneur du patricien de Venise.

Il y compare d'abord Marcello, succédant au Souverain Pontife dans la protection donnée à son entreprise, à Hercule, qui vient prendre la place d'Atlas fatigué de porter le Monde. Puis, il fait un long éloge de Marcello, vantant l'antiquité de sa race, l'éclat de ses services militaires et politiques, les vertus de son caractère. Il lui prédit, en terminant, qu'un tel ouvrage répandra son nom. « Ce que le Pontife avait commencé et avait laissé boiteux et imparfait, le magnanime chevalier Jacques-Antoine Marcello l'a rendu achevé et terminé par son soin et par son œuvre, s'attachant ainsi, encore et encore, par son perpétuel service, les hommes dévoués aux lettres et aux études et ceux qui font profession d'érudition latine. »

Jacques-Antoine Marcello, que nous venons de voir entrer ainsi en scène, appartenait à une très ancienne famille de la plus haute aristocratie vénitienne. Guarino de Vérone, dans sa préface, n'hésite pas à faire remonter sa filiation jusqu'à l'antiquité, et à la rattacher au célèbre M. Claudius Marcellus qui vainquit Annibal, alléguant une tradition d'après laquelle les Marcelli, après la chute de la République romaine, se seraient transportés à Venise sur quatre grands navires avec toutes leurs richesses. A tout le moins prétendait-on que la famille comptait parmi ses ancêtres le second, dans la série chronologique, des doges de Venise, Marcellus Tegallianus, d'Héraclée, doge en 717. Ce qui est certain, c'est que cette famille était une des plus considérées de Venise et qu'elle a fourni historiquement un doge à la République dans la personne de Nicolas Marcello, élu comme successeur de Nicolas Tron, le 13 août 1473, à 76 ans, et mort dès l'année suivante.

Jacques-Antoine Marcello se montra digne de sa grande origine, en s'illustrant dans le métier des armes. Comme procureur de l'État de Saint-Marc, il conduisit longtemps les troupes de la République. Il servit notamment sous les ordres du fameux Bartolommeo Colleone. Parmi ses exploits, on citait surtout la part importante qu'il avait prise à la victoire de Casalmaggiore remportée par les Vénitiens sur Filippo-Maria Visconti, duc de Milan, et sa belle défense de Vérone en 1439 contre les entreprises de Piccinino. Il joua aussi un grand rôle comme chef du contingent vénitien, dans la campagne que Francesco Sforza, alors allié à la République, dirigea contre les Milanais en 1448 et 1449, après la mort du duc Filippo-Maria Visconti, son beau-père. Cette campagne aboutit à faire reconnaître l'allié de Venise pour duc de Milan. Au cours de ces événements, Plaisance était passée sous la domination de Venise. Mais les amis d'Antoine Marcello affirmaient que si les envieux, comme on en a toujours dans les succès, ne s'étaient jeté à la traverse et n'avaient empêché par leurs manœuvres le Sénat de Venise de suivre les très sages conseils de Marcello, Milan même aurait eu le même sort et serait tombé sous le joug des Vénitiens (1).

A ses talents d'homme de guerre, Jacques-Antoine Marcello, comme il arrivait souvent en Italie à cette heureuse époque, joignait le culte des lettres et le goût des études. Il était en relations avec quelques-uns des humanistes les plus en vue, suivant avec intérêt leurs découvertes et leurs travaux. Nous avons dit l'influence qu'il eut sur l'achèvement de la traduction de Strabon par Guarino de Vérone. Indépendamment de la dédicace où il lui consacre son œuvre, Guarino écrivit encore pour Marcello une très belle lettre de consolation, en 1460, le noble Vénitien ayant eu cette année le malheur de perdre son fils Valerio. En cette même occasion, Jacques-Antoine Marcello reçut aussi l'hommage d'une épître consolatoire du même genre émanée du célèbre François Filelphe (2).

Mais il est encore dans Marcello un autre côté qui peut nous intéresser plus particulièrement. Ce sont ses sentiments de vif et sincère attachement envers le roi René. Marcello se rangeait résolument dans le parti français, qui soutenait en Italie les revendications de René sur le royaume de Naples. De son côté, le roi répondait à ce dévouement par une amitié particulière.

Déjà, en 1448, alors qu'il faisait campagne contre Milan avec François Sforza, le noble Vénitien témoignait de son vif désir de voir le prétendant français faire triompher bientôt ses droits à la couronne de Naples (3).

Le 24 juin 1449, François Sforza, dans une correspondance avec le roi René, lui parlait longuement du zèle de Jacques-Antoine Marcello pour sa cause, en insistant sur la haute situation que Marcello avait en Italie « Je ne fais pas d'autre estime de lui, disait-il, ni d'autre considération de son crédit, que d'un de mes propres frères » (4). Ces avertissements ne furent pas perdus. René eut soin de chercher à s'attacher de plus en plus le dévoué Marcello. Deux mois plus tard, le 26 août 1449, il lui conféra son ordre du Croissant, nouvellement fondé, le nommant chevalier de cet ordre, le dix-septième dans la série des

n'y a que les 10 premiers livres de Strabon qui soient publiés d'après la traduction de Guarino, les sept derniers étant d'une autre traduction due à Grégoire Tiphernas.

(1) Ce renseignement nous est donné par un curieux témoignage contemporain, dont nous reparlerons dans l'étude suivante sur le *Strabon* du roi Louis XI.

(1) Presque tous ces détails sont empruntés à la préface de Guarino de Vérone, en tête de la traduction de Strabon.

(2) Bibl. nat., ms. latin, 16,684.

(3) Bibl. nat., ms. latin, 8,745, f° 1.

(4) Bibl. nat., ms. italien, 1,548 (*Archivio Sforzesco*), f° 62.

J.-A. MARCELLO OFFRANT AU ROI RENÉ LE MANUSCRIT DE LA TRADUCTION DE STRABON
(Seconde miniature du *Strabon* du Roi René)

créations, le même jour que François Sforza, et immédiatement après celui-ci (1).

A cette haute marque de distinction, Marcello répondit en lettré. Il composa à la louange de l'ordre du Croissant un poème, sinon même deux ouvrages, dont on connaissait jadis un ou deux manuscrits avec de superbes miniatures (2).

Ce n'était pas seulement un entraînement de sympathie réciproque qui pouvait rapprocher le roi René de Jacques-Antoine Marcello, c'était aussi une communauté de goût pour l'étude des lettres, les arts et la science.

A une certaine époque, cependant, les hasards de la politique firent du roi René et du chevalier de l'ordre du Croissant deux adversaires en présence l'un de l'autre, à la tête de deux armées ennemies. François Sforza, maître de Milan, s'était brouillé avec les Vénitiens. La guerre éclata entre les anciens alliés. Sforza, qui agissait de concert avec les Florentins, se procura l'appui du roi René. Celui-ci passa en Italie en 1453 et, unissant ses troupes aux forces milanaises, marcha contre les Vénitiens. Il se trouva que précisément Jacques-Antoine Marcello était, comme provéditeur, un des chefs de l'armée de Venise. Ce fut lui qui reçut, au mois d'octobre 1453, la déclaration de guerre adressée par René à la République de Venise (3), et sa renommé militaire ne l'empêcha pas d'être alors mis en échec, très vivement pourchassé par les Français joints aux Milanais, qui enlevèrent en moins d'un mois un grand nombre de places dans la région de Brescia. Mais cet incident ne paraît avoir troublé en rien l'harmonie des bons rapports personnels entre le roi et le patricien de Venise. La paix étant revenue, les relations reprirent aussi cordiales après qu'avant, restant toujours marquées, du côté de Marcello, d'un dévouement profondément respectueux.

Ce dévouement, Marcello sut trouver le moyen de le manifester au roi René par une série de dons choisis avec une ingénieuse délicatesse, ayant, la plupart du temps, une valeur d'ordre surtout intellectuel.

Je passerai rapidement, quoique le fait soit curieux, sur un envoi fait par Jacques-Antoine Marcello en 1449 à la reine Isabelle de Lorraine, première femme de René. Marcello avait appris que la reine aimait à se délasser en jouant aux cartes. Il se souvint que le duc de Milan, décédé, Filippo-Maria Visconti, avait fait peindre un très beau jeu de cartes par le plus en vue des peintres milanais de l'époque, Michelino di Besozzo. Il n'eut de cesse qu'il n'eut retrouvé ce jeu de cartes, et quand il se le fut procuré à grand peine, il s'empressa de le faire parvenir à Isabelle de Lorraine (4).

D'autres cadeaux faits personnellement au roi René furent d'un genre plus grave. Ainsi, un de ces savants hellénistes, avec qui il était en relations, comme Guarino, ayant découvert une homélie de saint Jean Chrisostôme, Marcello en envoya au roi le texte grec avec une traduction en latin (1).

Une autre fois, Marcello procura au roi René la copie du texte exact de Quintilien, trouvé depuis quelques années par le Pogge. Il y joignit le traité de Pomponius Lætus, sur la grammaire (2).

Mais le noble Vénitien eut surtout l'attention de prendre le roi par un de ses faibles. Ce faible, c'était un attrait très vif pour la géographie.

Ce serait sans doute aller trop loin que d'accepter sans restrictions certaines légendes qui veulent que René ait « composé luy-même une description étendue de la Provence et tracé également une carte géographique de l'Anjou » (3). Mais, d'autres faits sont certains et caractéristiques dans le même ordre d'idées. L'inventaire du château d'Angers en 1471-1472 mentionne dans les appartements du roi René deux mappemondes, roulées sur bâton, un livre contenant une description générale de toute la terre, sans parler d'instruments à l'usage des géographes, une astrolabe (4) et probablement une boussole (5), ni d' « un grant tableau ouquel sont escriptz les A. B. C. par lesquelx ont peut escripre par tous les pays de Chrestianté et Sarrasinaïsme ». Il y avait aussi au château d'Angers « ung grand drap où sont paintes les villes de Prouvence et les villes qui sont depuis Prouvence jusques à Jennes [Gênes] », et « une autre pièce de toille où est la ville de Jennes en painture » (6). C'étaient sans doute de ces plans et cartes en perspective cavalière, comme on en trouve encore aujourd'hui tracés sur les murailles de certains édifices d'Italie.

Encore faut-il remarquer qu'à l'époque où cet inventaire a été dressé, le château d'Angers pouvait être déjà dégarni d'une partie des objets les plus usuels, par suite du départ de René pour la Provence, ainsi qu'il a été dit plus haut en ce qui concerne les livres.

Une mappemonde est également signalée dans une autre demeure du roi René, à Chanzé (7).

(1) Bibl. nat., ms. français, 24.108, f° 165 verso.

(2) Cette question des manuscrits des ouvrages composés par Marcello en l'honneur de l'ordre du Croissant, fondé par le roi René, fera l'objet d'une étude ultérieure.

(3) Lecoy de la Marche, *Le roi René*, t. II, p. 181 et 277.

(4) *Bulletin de la Société nationale des Antiquaires de France*, année 1895, communication faite à la séance du 13 mars (d'après le ms. latin 8,745 de la Bibl. nat.). — Cf. La *Chronique des Arts*, n° du 23 mars 1895, p. 110.

(1) La traduction de la lettre d'envoi de Marcello au roi René, d'après un manuscrit du Vatican (n° 5,145, f° 5), est dans Papon, *Histoire de Provence*, t. III, p. 385, et a été reproduite aussi par Villeneuve-Bargemont, *Histoire de René d'Anjou*, t. III, p. 22.

(2) Villeneuve-Bargemont, *Hist. de René d'Anjou*, t. III, p. 23 (d'après les lettres de Georges de Trébizonde).

(3) Villeneuve-Bargemont, *op., cit.*

(4) « Une table de léton sur laquelle a pluseurs lettres escriptes en faczon d'astralabe ».

(5) « Une bouète de bois blanc à couvercle, en laquelle a dedans la faczon d'un cadrain branslant, et dessus une vitre ».

(6) Lecoy de la Marche, *Extraits des comptes et mémoriaux du Roi René*, p. 243, 245, 257, 260, 262 et 267.

(7) *Ibid*, p. 273. — Peut-être ce goût du roi René pour la géographie ne fut-il pas tout à fait étranger au choix qu'il fit, comme précepteur de son fils Jean, duc de Calabre, de l'écrivain Antoine de La Salle. Ce que la postérité connait surtout d'Antoine de La Salle, c'est son roman du *Petit Jehan de Saintré et de la dame des Belles Cousines*. Mais Antoine de La Salle a aussi composé un ouvrage dédié à son auguste élève, portant le titre bizarre de *La Salade*, « pource que, dit l'auteur, en la salade se met plusieurs bonnes herbes et aussi en ce livret j'ay mis une partie des bonnes et plaisantes choses que j'ai leues et veues, au plaisir de Dieu, à l'honneur de vous et au bien de tous ceulx qui les vouldront

Ce goût du roi René était connu au-delà des Alpes. Et ceci va nous ramener à notre Marcello. Quelque temps après les événements de 1453, un chevalier d'une illustre famille florentine, Louis Martelli, s'occupait en Italie de chercher pour le monarque une mappemonde aussi bonne que possible. Il vint à passer par Monselice, près de Padoue, où résidait Jacques-Antoine Marcello, et lui parla de l'affaire. Aussitôt Marcello saisit l'occasion. « Désirant par-dessus toutes choses répondre à vos désirs, racontait-il lui-même au roi René, dans une lettre du 1er mars 1457, comme je savais qu'Onofrio Strozzi, personnage noble et des plus considérés, fils de l'illustre chevalier Palla Strozzi, de Florence, qui, par suite de certaines circonstances, habite aujourd'hui Padoue, et qui est pour moi un ami intime et comme un frère, était grand amateur de cette sorte d'objets, c'est-à-dire de tout ce qui sert aux études dignes d'un homme libre, je m'informai auprès de lui de la manière dont je pourrais me procurer une mappemonde qui fût meilleure et plus belle que toutes les autres. Alors, celui-ci prenant un air gai : « Il y en a une, me dit-il, déjà préparée à votre intention, et à laquelle il n'y a plus que la dernière main à mettre ». Et en parlant ainsi, il m'entraîna chez lui, et après avoir vu la mappemonde, je reconnus qu'elle m'était, en effet, destinée, car elle portait mes armes. Je m'occupai alors de la faire achever avec le plus grand soin, en la séparant en deux parties pour qu'elle fût portative. Cette mappemonde, je l'envoie aujourd'hui à votre Sérénité ».

Et ce n'était pas seulement une mappemonde que Marcello offrit ainsi au roi. Il joignit encore à son envoi un exemplaire de la Cosmographie de Ptolémée, soigneusement collationné sur les meilleurs manuscrits récemment découverts, une sphère avec des inscriptions en caractères étrangers qu'on pensait être chaldéens, enfin une grande carte de la Terre-Sainte, avec deux autres cartes de détail, l'une partant d'Alep au nord, l'autre allant au sud jusqu'à Sainte-Catherine du Sinaï. Ces cartes avaient ceci de précieux qu'elles étaient dessinées de la main de l'ami de Pétrarque, Lombardo della Seta (Lombardus Sericus) ; on croyait même que Pétrarque avait collaboré à leur confection (1).

Or, une traduction de Strabon, telle que Guarino de Vérone venait d'en achever une, rentrait essentiellement dans le même cadre que ces envois faits au roi René en 1457. Aussi, Jacques-Antoine Marcello, lorsque le savant Véronais, ayant enfin terminé son œuvre, lui en eut dédié la fin, eût-il l'idée d'offrir à son tour au roi René, comme un hommage, l'ensemble de la traduction de Strabon. Cette pensée prit corps dans une épître dédicatoire de sa façon, adressée au bon roi :

« Au très sérénissime et très illustre roi René, Jacques-Antoine Marcello humblement se recommande.

« Je vois que c'est un usage, à la fois ancien et encore observé de nos jours, sérénissime Roi, que chacun offre aux princes des présents de toutes espèces, comme témoignage d'amour et de respect. L'un amène des oiseaux apprivoisés, un autre des chevaux ou des chiens, un autre apporte des vases précieux. Pour moi, j'ai imaginé un autre genre de don, en décidant d'envoyer un livre à Votre Majesté. Et, à mon avis, ce don n'est pas inférieur à ceux que je viens de citer, car ceux-ci s'usent par l'usage ou périssent par l'âge, ou contribuent peu à l'ornement de l'âme. Mais mon présent ne pourra que refleurir de plus en plus par un plus grand usage, il nourrira l'âme et rendra son possesseur plus riche d'érudition et d'ornement d'esprit. » Puis Marcello raconte l'histoire de la traduction de Strabon, disant comment le pape Nicolas V la confia à Guarino, glissant au passage un éloge de ce Manuel Chrysoloras, qui avait appris le grec à Guarino, et arrivant enfin à son intervention personnelle auprès de Guarino, après la mort du pape, pour le déterminer à finir l'œuvre. « Je le pressais surtout, parce que je comprenais qu'un tel volume, dont l'Italie n'a pas le pareil en ce genre, serait agréable à Votre Majesté, et accueilli par elle avec joie. C'est ainsi que j'ai pensé à vous dédier le livre que Guarino m'avait offert à moi-même après le pape Nicolas V. Car Guarino m'a jugé digne de ce grand honneur de m'associer à ce pape Nicolas qui, par sa dignité et sa sagesse éminente, était pour ainsi dire un autre Dieu sur la terre, et de me placer près de lui, comme une bougie près du soleil (velut soli candelam apponere). Ce qu'est l'œuvre, Votre Majesté le jugera, et en lisant le livre, elle voudra bien, dans son souvenir, me recevoir comme son intimement recommandé. »

Cette épître, ainsi que nous l'avons dit en décrivant le manuscrit d'Albi, qui s'ouvre par elle, porte la date de : Venise, 13 septembre 1459.

Il ne resta plus alors à Marcello qu'à faire exécuter par un calligraphe de profession, pour l'envoyer au roi René, une copie de tout l'ouvrage avec l'épître dédicatoire en tête. Pour accentuer encore le caractère d'hommage personnel de cet exemplaire au Souverain, il y fit placer des peintures dont l'une jouait le rôle de ce qu'on appelle la miniature de présentation, montrant aux yeux l'acte matériel de l'offre du volume par le donateur au destinataire, c'est-à-dire, dans l'espèce, par Marcello à René.

C'est ainsi que fut écrit et décoré, sur la commande de Marcello, en vue du don à faire au roi René, le Strabon aujourd'hui à la bibliothèque d'Albi et dont nous reproduisons les deux superbes miniatures.

Après l'exposé de tous ces détails que nous avons pu tirer de l'épître dédicatoire de Marcello et de la préface de Guarino, le sujet des miniatures se comprend clairement.

La première nous montre Guarino remettant à Jacques-Antoine Marcello le manuscrit de sa traduction de Strabon, enfin terminée.

Le savant Véronais, tête nue, de profil, est en robe longue de professeur, entièrement vêtu de rouge. La tête est un portrait ; nous pouvons en juger par la comparaison

entendre ». Or, dans cette *Salade*, il y a toute une partie consacrée à la géographie, accompagnée d'une mappemonde. D'autre part, une médaille du plus jeune frère du roi René, Charles d'Anjou, comte du Maine, par Francesco Laurana, porte au revers, comme emblème, encore une mappemonde ; et l'on a pensé que le roi René n'était peut-être pas étranger à la composition de cette médaille (Aloïss Heiss, *Les médailleurs de la Renaissance*, Francesco Laurana, p. 28).

(1) Bibl. nat. ms. latin, 17,542, f° 1, verso. — La lettre de Jacques-Antoine Marcello, du 1er mars 1457, a été citée par M. Lecoy de la Marche, *Le roi René*, t. II, p. 181, mais avec des inexactitudes d'interprétation.

avec une médaille de Guarino, signée de Matteo de' Pasti (1). Dans la médaille, il est vrai, Guarino est plus gras, il a le front sensiblement plus fuyant. Mais toute la partie inférieure du visage, depuis la naissance du nez, présente un profil analogue, et, en somme, les deux effigies restent, dans leurs grandes lignes, d'accord l'une avec l'autre.

Derrière Guarino, à droite du tableau, on aperçoit un personnage beaucoup plus jeune, vêtu également d'une robe longue, mais de couleur violette, avec un bonnet de docteur sur la tête. Ne serait-ce pas peut-être un des fils de Guarino, ce Battista, qui embrassa, comme son père, la carrière du professorat public ?

En face de l'érudit, Marcello s'avance pour recevoir le volume de Strabon. Il est somptueusement vêtu d'un costume court en étoffe de brocart d'or, avec des chausses rouges. Le manuscrit ayant été exécuté aux frais de Marcello, il est vraisemblable que le miniaturiste a dû s'efforcer de peindre l'effigie de celui-ci aussi ressemblante que possible. Et de fait, on peut constater avec quelle fidélité les traits de Marcello se retrouvent identiques d'une des deux miniatures à l'autre, bien qu'animés d'expressions différentes dans les deux cas. Pour en finir avec cette première miniature, disons encore que le jeune homme placé tout à fait à gauche du tableau, derrière Marcello, à la barbe naissante et aux cheveux frisés, porte un élégant justaucorps bleu vif, avec des bas noirs. S'il était certain que le jeune professeur, qui lui fait en quelque sorte pendant à droite, est bien le fils de Guarino, Battista, on serait assez fondé à supposer que, par parallélisme, cet élégant jeune homme qui suit Marcello et qui présente avec lui, sous la différence d'âge, une indéniable ressemblance de traits, pourrait être le fils du patricien vénitien, ce Valerio Marcello, sur lequel son père fondait de si belles espérances et dont la mort prématurée survenue dès l'année suivante fut déplorée par les beaux esprits du temps, Guarino lui-même et Francesco Filelphe.

Cette première miniature est pour ainsi dire le commentaire de la préface de Guarino adressée à Marcello. La seconde correspond à l'épître dédicatoire de Marcello au roi René. Marcello, vêtu exactement comme dans la première miniature, est à genoux devant le roi René, levant les yeux vers lui, comme dans une espèce de respectueuse vénération, et lui remettant le livre. Le roi, assis sur un siège de marbre avec coussin, prend le livre de la main droite et, par un geste familier, qui a donné à l'artiste un très heureux groupement des personnages, pose la main gauche sur l'épaule de son fidèle partisan.

René est vêtu d'un costume sévère ; une jaquette noire à ornements d'or et des chausses noires. Sur sa tête est un chapeau rond, également noir. Sous ce chapeau, dépasse en arrière, couvrant la nuque, une calotte emboîtant le crâne, coiffure favorite du roi, dont il se séparait rarement, même pour dormir, et qu'on lui voit presque toujours sur ses portraits, dans les médailles et dans les tableaux.

Pour la figure de René, le miniaturiste italien ne pouvait travailler d'après nature. Il a été réduit à s'inspirer sans doute d'autres effigies déjà existantes. L'effort est visible pour se rapprocher autant que possible de la ressemblance des traits. Mais ce qui frappe à première vue, c'est que l'artiste a fait un roi René beaucoup trop maigre. On peut facilement le vérifier par une comparaison avec les médailles à peu près contemporaines, celles de Pietro da Milano, datées de 1461 et 1462, et celle de Francesco Laurana, de 1463 (1).

Cet amaigrissement paraît d'ailleurs être le résultat d'une tendance particulière chez le peintre, qui donne plutôt à ses personnages des formes élancées et même un peu grêles. La figure du roi René, dans les miniatures du manuscrit d'Albi, n'a donc pas une valeur iconographique aussi accentuée, sous le rapport de l'exactitude, que les portraits de Guarino de Vérone et surtout de Jacques-Antoine Marcello. Mais ce n'en est pas moins encore une représentation très intéressante à ajouter à toute une suite d'autres miniatures, celles-ci peintes en France ou en Flandre, qui nous montrent aussi René, à divers âges et dans divers costumes.

Pour saluer le roi, Marcello a ôté son chapeau. Ce chapeau, de couleur noire, à longs poils, est tenu derrière lui par un jeune homme vêtu de rouge vif. L'autre personnage, qui est placé près de celui-ci, au centre, les bras croisés, a une tunique noire, avec les manches vertes. Enfin, les deux serviteurs derrière le roi sont en bleu clair, avec des calottes sur la tête.

Le lieu où se passe la scène a une apparence tout à fait conventionnelle. On peut encore admettre le palmier qui se dresse au milieu. Il pousse des palmiers sur les côtes de Provence, et René résidait, en effet, en Provence à l'époque où Marcello fit exécuter et put lui envoyer le manuscrit de Strabon. Mais les constructions à l'arrière plan appartiennent bien à l'Italie, dans leur régularité trahissant des préoccupations classiques. Si ces constructions ne sortent pas toutes entières de l'imagination de l'artiste italien, c'est dans quelque cité de son pays que celui-ci aura pu en voir de pareilles.

Cependant, un détail peut être emprunté à la réalité. C'est le siège en marbre sur lequel est assis le roi. Ce siège porte sur sa face latérale une sculpture, que l'on distingue malheureusement avec peine sur notre reproduction, mais qui est très visible sur l'original. Cette sculpture représente un lion qui regarde un lapin s'aventurant à venir brouter jusqu'à ses pieds. Au-dessus du lion, on lit en caractères romains :

CLEMENTIAE
AVGVSTAE (2).

Or, une certaine tradition parle d'un trône, sur lequel

(1) Aloïs Heiss, *Les médailleurs de la Renaissance*, fascicule d'Alberti et Matteo de' Pasti, p. 24, et Pl. III, 2.

(1) Aloïs Heiss, *Les médailleurs de la Renaissance*, fascicule de Francesco Laurana et Pietro da Milano, p. 22, 40 et 42, Pl. I, 3; et IV, 1 et 3.

(2) Cette inscription fait penser à la devise : LIBERALITAS AVGVSTA, inscrite sur le revers de la magnifique médaille d'Alphonse d'Aragon, le compétiteur heureux de René au trône de Naples, par Pisanello (datée de 1449). Or, il est un fait curieux, c'est que le droit de cette médaille d'Alphonse, par Pisanello, a été visiblement copié pour une médaille du roi René, dont on n'a qu'une face sans revers (Heiss, *Médailleurs*, Fr. Laurana, p. 49 et Pl. V, 3). Ne pourrait-on pas croire, pour le bas-relief représenté dans notre miniature, à une inspiration du même genre?

René avait coutume de se placer pour assister aux offices dans la cathédrale de Saint-Sauveur, à Aix-en-Provence, qui était semblablement orné d'un bas-relief en marbre. Et le sujet de ce bas-relief, sans être le même, n'était pas sans présenter un peu d'analogie. On y voyait également des lions, seulement ceux-ci étaient figurés dévorant des enfants (1).

Le manuscrit d'Albi, comme le prouvent ses deux miniatures, est l'exemplaire de luxe que Marcello offrit au roi René. De la traduction de Strabon par Guarino, y compris l'épître dédicatoire au roi René, il fut aussi exécuté au moins une copie, beaucoup plus ordinaire au point de vue matériel, et simplement sur papier (2). En outre, le manuscrit original de la traduction, de la main même de Guarino, existait à Venise au XVIIIe siècle et y existe peut-être encore aujourd'hui. Scipione Maffei, dans la seconde partie de sa *Verona illustrata*, imprimée en 1731 (3), dit l'avoir vu dans la collection du sénateur Giacopo Soranzo. Ce manuscrit se terminait naturellement par la même indication de date, pour la fin du travail de Guarino, que dans l'exemplaire d'Albi. Comme dans cet exemplaire aussi, l'ouvrage de Strabon était précédé de l'épître dédicatoire de Marcello au roi René, suivie des deux préfaces de Guarino : celle adressée à Marcello, puis celle au pape Nicolas V. Tout ce début, toutefois, avait été rajouté par un copiste de profession : ce n'était qu'avec le texte de la traduction que commençait l'autographe de Guarino, véritable minute, avec des ratures et des corrections d'auteur.

Sur le second plat de la couverture, avait été collée une feuille portant un portrait de Guarino, peint en couleurs. En regard, sur la dernière page du volume, étaient inscrits des vers de Raphaël Zovenzonio. Ces vers méritent d'être reproduits ici en terminant, car, sous l'excès de la phraséologie alors à la mode, ils nous résument une dernière fois les faits que nous avons rapportés : la version en latin de l'ouvrage grec de Strabon, commencée par Guarino pour le pape, puis terminée pour le vénitien Marcello, d'origine romaine suivant la légende qui rattachait sa race aux Marcelli de l'antiquité ; enfin, le don au roi René du superbe exemplaire de l'ouvrage, aujourd'hui à Albi, dans lequel Strabon apparait, en quelque sorte, sous le plus riche habit « gemmata in veste ».

In prototypam Guarini mei effigiem.

Guarino mihi nomen erat : mea fama sub astris
Fixa viget, longo terris sudore coalta.
Quippe ego Pierides profugas Helicone recepi,
In patriamque dedi sedes habitare latinas ;
Quae mihi tunc gratae munus te, Strabo, dedere.
Hospes eras barba impexa, Graecoque galero,
Orbis iter mensus, iam confectusque senecta,
Quem nondum norant Itali : mox ipse togatum,
Palliolo exuto, induxi vestemque quirinam,
Pontifici Summo ostendens ; qui te ilicet ulnis
Exipiens, charum sola mihi morte reliquit.
Inde peto Venetum Romana stirpe nepotem
Marcellum, qui te gemmata in veste Renato
Dat regi dono. Totis hic gentibus unum
Te gratum efficiet ; cunctis tua gloria seclis
Vivet, et omnivorans laedet te nulla vetustas.

(1) De Villeneuve-Bargemont, *Histoire de René d'Anjou*, t. III, p. 89.

(2) Cette copie sur papier est à la Bibl. nat., ms. latin, 4,796. Il existe aussi d'autres manuscrits de la traduction de Strabon, exécutés avec luxe : nous aurons occasion d'en citer deux dans l'étude qui suit. Mais dans ceux-ci, l'épître dédicatoire au roi René est supprimée, nouvelle preuve que le superbe volume d'Albi, où cette épître figure au contraire en première place, est bien l'exemplaire de dédicace offert à René.

(3) Parte II, p. 145.

II

Le Strabon de Louis XI

Nous avons consacré notre première étude au superbe exemplaire de la traduction de Strabon par Guarino de Vérone, qui fut offert au roi René par Jacques-Antoine Marcello. De cette traduction, il existe encore plusieurs autres copies d'origine italienne appartenant à la catégorie des manuscrits de luxe. Aucune d'elles toutefois ne présente rien de comparable aux deux grandes miniatures du manuscrit d'Albi. Mais on peut y admirer des ornements d'un style excellent, en même temps qu'une grande recherche de la perfection matérielle, en ce qui concerne la beauté du velin, la netteté de l'écriture, l'heureuse disposition du texte et des titres, etc. Dans ces exemplaires l'épître dédicatoire de Marcello au roi René se trouve supprimée. Il n'y a plus, en tête du volume, avant le commencement de l'ouvrage de Strabon, que les deux préfaces de Guarino, celle adressée au pape Nicolas V, puis celle adressée à Jacques-Antoine Marcello. En outre, on a coupé également la note finale qui, dans le manuscrit d'Albi, indique le jour où Guarino a terminé son labeur de traducteur.

La Bibliothèque nationale possède deux manuscrits de ce genre, tous deux sur velin, nos 4797 et 4798 du fonds latin. Du manuscrit latin 4798, nous n'avons à dire ici qu'une seule chose, c'est qu'il porte, au bas de son frontispice, les armes d'un de ces rois de la maison d'Aragon qui furent les compétiteurs heureux de René d'Anjou à la couronne de Naples, très vraisemblablement Ferrand, fils naturel et successeur, en 1458, d'Alphonse le Magnanime (1). Ainsi, sur ce terrain, nous retrouvons en présence les deux rivaux, le prétendant français et son adversaire aragonais. Mais l'avantage reste pour René, dont l'exemplaire, grâce à Marcello, est de beaucoup le plus beau.

Le manuscrit latin 4797 doit nous arrêter davantage. Ce volume rentre en effet dans notre série, car bien qu'exécuté en Italie comme le précédent, c'est à un prince français, ainsi que nous allons le voir, qu'il a été destiné à l'origine.

Le manuscrit latin 4797, qui provient de l'ancien fond de la Bibliothèque royale, est de grand format : ses feuillets mesurent 40 centimètres de haut sur 28 de large. Il est aujourd'hui recouvert d'une reliure très modeste et peu ancienne : mais l'intérieur est dans un état de conservation irréprochable, et superbe de fraîcheur. Le texte est transcrit en longues lignes, d'une belle écriture ronde, à 41 lignes à la page. Chaque livre s'ouvre par une grande initiale décorée. Les titres sont en or ou en rouge, et il y a de très nombreux sous-titres disposés en manchettes sur les marges laissées très larges. Le premier feuillet, contenant le début du prologue de Guarino à l'adresse du pape, est encadré d'une riche bordure ornementale, où des petits enfants ou *putti* se jouent à travers des rinceaux. Dans le bas de cette bordure, au milieu, un médaillon renferme un écusson aux armes de France pleines, c'est-à-dire aux armes royales, d'azur à trois fleurs de lis d'or. En regard de cette page, le verso du feuillet de garde porte au centre une composition décorative qui forme frontispice. Cette composition nous montre encore les armes royales de France couronnées, et accostées de deux anges volants. Ces armes sont renfermées dans une guirlande circulaire de feuillage, liée de place en place par des banderoles. Au-dessous de la guirlande est un second blason surmonté d'un chapeau de cardinal, avec une inscription en lettres capitales d'or :

$\overline{\text{IO}}$. $\overline{\text{CA}}$. ALBIĒSIS.

(1) L'écusson peint sur ce manuscrit est écartelé au 1 et 4 d'Aragon, au 2 et 3 de Calabre. On considère généralement ce blason comme étant une des formes des armoiries d'Alphonse le Magnanime. Mais celui-ci était mort (28 juin 1458) avant que Guarino de Vérone eût entièrement terminé son travail de traduction de Strabon.

Nous donnons la reproduction de cette composition, si bien comprise dans sa simplicité, où l'on retrouve tout le grand goût de l'art italien à sa période la plus heureuse. Sur l'original, naturellement, l'éclat et l'harmonie des couleurs mariées à l'or viennent encore ajouter beaucoup à la beauté de l'effet.

La partie écrite du volume comporte 285 feuillets, suivis de cinq autres feuillets blancs. Le dernier de ceux-ci porte sur son verso, en haut, une inscription en grande lettres capitales rouges : VESPASIANUS LIBRARIUS FECIT FIERI FLORENTIE.

Cette inscription est une précieuse indication d'origine. Elle atteste que le manuscrit sort de l'atelier d'un libraire, très célèbre à Florence au XVe siècle, Vespasiano da Bisticci.

Les travaux de l'érudition moderne ont remis en lumière la figure si intéressante et si sympathique de Vespasiano (1). Né à Florence en 1421, d'une famille bourgeoise originaire de Santa Lucia à Bisticci dans la vallée supérieure de l'Arno, et mort dans la même ville en 1498, Vespasiano fut à la fois l'entrepreneur le plus actif et le plus intelligent en matière de librairie, fournissant les plus grands amateurs de l'Italie, et un lettré, un écrivain, en correspondance avec la plupart des esprits distingués de son temps, Giannozzo Manetti, Donato Acciaioli, Niccolo Perotti, etc. Sous ce double rapport, on peut saluer en lui un digne précurseur des Alde et des Estienne.

Comme écrivain, Vespasiano da Bisticci nous a surtout laissé un recueil de vies d'hommes illustres du XVe siècle. Les contemporains appelaient ces *Vite* le : livre d'or, libro aureo. Il y règne une simplicité naïve et parfois touchante qui donne une valeur très particulière aux biographies rédigées par le brave libraire florentin (2).

Ce qui nous intéresse ici, c'est que parmi ces vies figure celle de Guarino de Vérone et qu'il s'y trouve un paragraphe consacré précisément à l'entreprise de la traduction de Strabon, au rôle de Jacques-Antoine Marcello en cette occurence, et à l'envoi fait par celui-ci de l'ouvrage au roi René.

Nous avons donné, dans notre première étude, des analyses des deux préfaces de Guarino où celui-ci raconte dans quelles conditions il a commencé et terminé son œuvre. Ce que le savant helléniste ne dit pas, et ne pouvait pas dire, mais que nous avons quelque droit de soupçonner, c'est qu'il n'a pas dû travailler seulement pour l'honneur, et notamment que ces encouragements de Marcello, dont il se montre si reconnaissant, ont dû prendre la forme matérielle de subsides en argent. Vespasiano da Bisticci n'était pas tenu à la même réserve. En bon commerçant, il nous révèle ce que l'on pourrait appeler les dessous financiers de l'affaire.

Lorsque Nicolas V avait chargé Guarino de Vérone de traduire la Géographie de Strabon, il devait lui donner pour sa peine cinq cents florins de chacune des trois parties de l'ouvrage, Asie, Afrique et Europe. Guarino en traduisit deux avant la mort du pontife et toucha de ce chef mille ducats. Le pape étant mort, Guarino traduisit la troisième partie et voulut la dédier à quelque personne qui lui donnât le prix de ses peines, chose d'ailleurs fort légitime, car, comme le remarque judicieusement Vespasiano, Guarino ayant plusieurs enfants et peu de fortune, il fallait qu'il cherchât à tirer profit de son métier. Ce généreux protecteur, Guarino le chercha d'abord à Florence, s'adressant à « un des principaux de l'époque », mais il ne trouva pas celui-ci disposé à lui rien donner. Il recourut alors au noble Vénitien, qui, lui, au contraire, montra la plus grande ardeur à le satisfaire de son labeur. Vespasiano ajoute, ce que nous savons, que le Vénitien ayant eu l'ouvrage y mit un préambule de sa façon et l'envoya au roi René.

Ce passage des *Vite* de Vespasiano da Bisticci présente tant d'intérêt à notre point de vue que le lecteur nous excusera d'en donner le texte italien.

« Pregato di poi [Guerino Veronese] da papa Nicola, ch'egli traducesse Strabone, *De situ orbis*, perchè era diviso in tre parti, l'Asia, l'Africa e l'Europa, gli dava, per la sua fatica, d'ogni parte cinquecento fiorini. Tradussene dua innanzi che il pontefice morisse, ed ebbene ducati mille. Morto papa Nicola, tradusse la terza parte, e la voleva mandare a qualche uomo, che gli donasse premio delle sua fatiche, perche, avendo più figliuoli e non molte sustanze, bisognava che si valesse colla sua industria. Cercato in Firenze di mandarla a uno de' principali di quello tempo, non trovandolo disposto a dargli nulla, la mandò a uno gentiluomo viniziano, che ebbe grandissimo animo a soddisfarlo della sua fatica. Avutala il Viniziano, gli fece uno proemio, e mandolla al re Rinieri. »

Ajoutons que Vespasiano da Bisticci était placé mieux que personne pour être au courant des choses, car à l'époque où Guarino se mit à traduire Strabon sur l'ordre de Nicolas V, lui-même était en constantes relations d'affaires avec le Pontife, s'occupant avec ardeur de lui procurer des livres pour la bibliothèque du Vatican.

Ceci nous amène à ce qui est peut-être encore le côté le plus important pour Vespasiano da Bisticci, c'est-à-dire à son rôle comme libraire. A cet égard, Vespasiano da Bisticci paraît avoir tenu le premier rang en Italie, pendant la période qui précéda immédiatement l'introduction et la vulgarisation définitive de l'imprimerie dans cette contrée. C'est à lui que s'adressent les princes et les grands amateurs de toute la Péninsule et même parfois de l'Étranger. Le Pape Nicolas V pour la bibliothèque Vaticane, les Médicis à Florence, les ducs d'Urbin sont ses clients, comme aussi les rois Aragonais de Naples et le glorieux souverain de Hongrie Mathias Corvin. Le libraire florentin se multiplie pour satisfaire à leurs demandes et enrichir leurs collections de beaux volumes,

(1) Voir notamment : *Archivio Storico italiano*, t. IV [1843] p. 303-310 ; *Giornale storico degli Archivi Toscani*, t. II, p. 240-241 ; A. de Reumont, *Lorenzo de' Medici*, chapitre sur les librairies et les bibliothèques (Bibliotheken und Buchhandlungen) ; Frizzi, *Di Vespasiano da Bisticci e delle sue biographie* ; Eugène Muntz, *Histoire de l'art pendant la Renaissance*, t. II, p. 62 ; et naturellement les éditions des *Vite* mentionnées dans la note suivante.

(2) Les *Vite di uomini illustri del secolo XV, scritte da Vespasiano da Bisticci*, ont été publiées pour la première fois dans leur intégrité par Bartoli (Florence, 1859, in 8°). M. Ludovico Frati en a récemment donné une nouvelle édition, sous les auspices de la « R. Commissione pe' testi di lingua nelle provincie dell' Emilia » (Bologne, 1892-1893, 3 vol. in 8°).

Je dois l'indication de cette nouvelle édition à l'obligeance de mon savant confrère, M. Léon Dorez.

FRONTISPICE DU *STRABON* OFFERT A LOUIS XI PAR LE CARDINAL JOUFFROY
(*Atelier du libraire florentin Vespasiano da Bisticci*)

qu'exécutent sous ses ordres toute une troupe de copistes de profession et d'enlumineurs (1). Comme exemple de son activité nous citerons un trait raconté par M. Müntz.

Le grand Cosme de Médicis s'occupait un jour de créer une bibliothèque pour la Badia (l'abbaye) de Fiesole : « La destinant à des religieux studieux et lettrés, Cosme ne savait comment improviser une collection digne d'occuper leurs loisirs. Il fit venir Vespasiano et lui demanda comment il s'y prendrait pour mener à bonne fin cette tâche. Vespasiano de répondre qu'il était impossible de trouver à acheter une telle quantité de livres : peut-être, ajouta-t-il, en mettant sur pied une armée de copistes, réussirait-on à constituer un fonds sérieux dans l'espace de temps si limité, fixé par Cosme. Ainsi fut fait : Cosme mit un crédit illimité à la disposition de son libraire, et celui-ci ayant enrôlé quarante-cinq copistes, parvint à faire transcrire deux cents volumes en vingt-deux mois, tour de force qui le couvrit d'honneur et qui doit donner à réfléchir aux imprimeurs modernes. » (2)

Cette anecdote, appuyée sur le témoignage de Vespasiano lui-même, nous montre bien la situation personnelle du libraire florentin. C'est un entrepreneur, une sorte d'éditeur, au sens moderne du mot, qui n'exécute pas lui-même, mais forme et dirige de haut un atelier. C'est d'ailleurs ce qu'indique aussi la formule de l'inscription dont nous avons mentionné la présence à la fin de notre manuscrit latin 4797 : « Vespasianus librarius... *fecit fieri.* » On peut retrouver des notes similaires sur d'autres productions de son atelier. Ainsi à la fin d'un manuscrit des *Commentaires de César* qui appartient au Musée Britannique (Royal Mss. 15 C xv) on lit : « Vespasianus librarius florentinus hoc opus Florentie *transcribendum curavit.* »

Direction d'ailleurs éclairée et vigilante que celle de Vespasiano da Bisticci sur les auxiliaires qu'il emploie, car, malgré la multiplicité des travaux, les livres sortis de sa librairie sont pour la plupart des volumes superbes, établis dans des conditions matérielles irréprochables. Notre Strabon de la Bibliothèque nationale en est lui-même un exemple.

Pour qui maintenant ce beau livre a-t-il été exécuté, ou tout au moins décoré, par les soins du grand libraire florentin ?

Nous avons dit qu'au début du volume on trouvait deux fois répétées les armes royales de France. En outre, sur le frontispice que nous reproduisons, au dessous du blason royal, on voit peint un autre écusson avec les armoiries d'un cardinal. Ces armoiries sont connues. Ce sont celles d'un Français, de Jean Jouffroy, né à Luxeuil vers 1412, créé cardinal en 1461 par Pie II, devenu évêque d'Albi le 10 décembre 1462, et mort le 24 novembre 1473, qui joua un si grand rôle comme diplomate et comme agent politique, d'abord du duc de Bourgogne, puis du roi Louis XI.

Cette identification des armoiries est d'ailleurs confirmée par l'inscription accompagnant le blason. Cette inscription doit se lire : *Jo[hannes] Ca[rdinalis] Albie[n]sis.*

Reste à expliquer le rapprochement du blason royal et des armoiries du cardinal Jouffroy. Une première hypothèse se présente à l'esprit, c'est que les deux écussons ont été peints sur le volume l'un après l'autre, et qu'ils sont les marques de propriété, en quelque manière les ex-libris, de deux possesseurs successifs. Mais si l'on examine plus attentivement les choses, on arrive à une constatation toute contraire. En réalité, les deux blasons sont liés ensemble, et leur apposition remonte à une même époque. En effet, l'écusson du cardinal Jouffroy est soutenu par deux *putti* : or ces deux putti répondent à un troisième petit génie analogue qui, placé dans le haut, a la charge de porter la couronne de feuillage entourant les armes royales. Tous trois sont absolument de la même facture et ont été peints par la même main. D'autre part, dans cette composition disposée avec tant de goût, la présence du second blason dans le bas est indispensable pour l'harmonie de l'ensemble. Sa place a été ménagée par l'écartement voulu des banderoles voltigeant autour de la couronne de feuillage. Si l'on suppose cet écusson inférieur supprimé, en le cachant par exemple avec un morceau de papier blanc, l'équilibre des lignes se perd et la conception décorative se trouve tronquée d'une manière inadmissible. Ainsi les deux blasons ne sauraient être séparés dans l'interprétation à leur donner.

On pourrait être un peu embarrassé s'il s'agissait d'un manuscrit copié en France. Mais il ne faut pas oublier que nous sommes en présence d'un volume exécuté en Italie. La connaissance des habitudes suivies dans ce pays, au xve siècle, en matière de librairie de luxe, nous donne la clé du problème.

Il arrive en effet quelquefois que l'on rencontre, dans la série des manuscrits italiens, des volumes montrant semblablement, sur la page qui leur sert de frontispice, une association de deux blasons de personnages différents. Or, on peut le plus souvent reconnaître, d'après le contexte, que, d'une manière générale, l'un de ces blasons se trouve être celui d'un grand personnage, tel qu'un prince, à qui le manuscrit a été offert, tandis que l'autre est celui d'un individu qui a fait don du volume au susdit prince. En un mot, le rapprochement des deux écussons équivaut à une dédicace écrite ; ou, si l'on veut encore, elle joue le même rôle qu'une miniature de présentation. Ajoutons que presque toujours le second blason, c'est-à-dire celui du donateur, est accompagné d'initiales rappelant son nom en abrégé. Comme exemples du fait, il suffira de citer quelques manuscrits conservés à la Bibliothèque nationale.

Le manuscrit latin 8382 est l'exemplaire d'hommage à François Sforza, duc de Milan, d'une églogue composée par un certain « Johannes Stephanus Cotta ». Dans la bordure du premier feuillet de ce manuscrit, au haut de

(1) Parmi les artistes travaillant à Florence du temps de Vespasiano, on compte le célèbre miniaturiste Attavante. A la vérité, les deux anges volants aux côtés de l'écusson royal sur le frontispice du mss. latin 4797, d'une main différente du reste, et dont notre reproduction ne rend qu'imparfaitement l'exquise élégance, ne seraient pas indignes d'un tel pinceau. Mais Attavante était peut-être bien jeune pour avoir pu collaborer à un manuscrit qui ne saurait être postérieur à 1473 ; et il ne manquait pas, à la même époque, d'autres peintres de miniatures du plus grand talent.

(2) Eugène Müntz, *Histoire de l'art pendant la Renaissance*, t. I, p. 62.

laquelle est un petit médaillon renfermant le portrait de François Sforza. on voit sur le côté les armes de ce duc de Milan, et en bas les armes parlantes de l'auteur (d'azur semé de points blancs équipolés, à une *cotte* d'argent) avec ses initiales. I. ST. CO. en deux groupes surmontés chacun d'une abréviation.

De même le manuscrit latin 8127 est un exemplaire des poësies du célèbre humaniste François Filelphe ou Philelphe, offert au même duc de Milan. Une grande lettre historiée en tête du volume montre Philelphe présentant son œuvre à François Sforza assis sur une chaire. Sur la même page, en haut est peint le blason du duc de Milan. au bas sont les armes et la devise de Philelphe accompagnées sur les côtés de ses initiales Fr. PH.

Je mentionnerai encore le manuscrit latin 8126, renfermant le poëme de la *Sforziade* du même Philelphe, venant toujours du duc de Milan. Une page placée en regard du texte associe également en haut les armes du duc de Milan, et au-dessous d'elles celles de Philelphe.

Devant des exemples aussi concluants, montrant une tradition bien établie dans la librairie italienne du XVe siècle, aucun doute n'est possible. De la réunion. sur le frontispice du manuscrit latin 4797, des armes royales de France, et du blason de Jean Jouffroy accompagné d'initiales qui donnent à Jouffroy le titre de Cardinal d'Albi, on peut sûrement conclure que cet exemplaire de Strabon a été commandé par le cardinal pour être offert à un roi de France. D'autre part, nous sommes forcément limités comme dates extrêmes entre le 10 décembre 1462, jour de la nomination de Jean Jouffroy à l'évêché d'Albi et le 24 novembre 1473, moment de sa mort. Par conséquent le roi de France à qui le volume était destiné ne saurait être un autre que Louis XI.

Ainsi se trouve élucidée l'origine de cet exemplaire de la traduction de Strabon par Guarino de Vérone appartenant à l'ancien fonds royal de la Bibliothèque. Cette belle copie a été exécutée à Florence, dans l'atelier du fameux Vespasiano da Bisticci, et, sinon commandée, du moins spécialement appropriée, pendant la période qui va de décembre 1462 à novembre 1473, en vue d'un cadeau que le cardinal Jouffroy a voulu faire à Louis XI.

La Bibliothèque nationale possède un autre manuscrit auquel ces mêmes conclusions peuvent aussi s'appliquer exactement. C'est un exemplaire de la traduction de *Thucydide* par Lorenzo Valla (mss. latin 5713). Ce second volume est beaucoup moins beau que le Strabon. La décoration s'y réduit, en dehors de lettres ornées, à un encadrement de rinceaux courant autour de la première page du texte ; et cet encadrement est d'une exécution moins soignée. Mais on y voit également dans un médaillon, au centre de la partie inférieure de la bordure, les armes royales de France et au-dessous, dans la marge, en plus petites dimensions, l'écusson du cardinal Jouffroy accompagné de ses initiales IO. CA. A. (Johannes Cardinalis Albiensis). Enfin sur un feuillet de garde à la fin, on retrouve une inscription en capitales rouges absolument semblable à celle du manuscrit latin 4797 ; « *Vespasianus librarius fecit fieri Florentie.* » (1)

Rien de plus naturel d'ailleurs que ce fait de manuscrits d'origine italienne ayant été donnés à Louis XI par le cardinal Jouffroy.

Le cardinal Jouffroy, on le sait, était très avant dans la confiance du fils de Charles VII, et lui avait les plus grandes obligations. C'était surtout à l'intervention de ce monarque auprès du pape Pie II qu'il devait son chapeau de cardinal. Jusqu'au bout, Louis XI lui continua sa bienveillance : il le nomma son chapelain et le fit élire, en 1464, abbé de Saint-Denis.

D'autre part, le cardinal d'Albi comptait parmi les lettrés du temps. montrant toute l'ardeur d'un humaniste pour le culte des écrits de l'antiquité. Indépendamment des livres qu'il offrit à Louis XI. il avait formé pour lui-même une bibliothèque dont quelques débris sont aujourd'hui conservés à Carcassonne et à Albi. Parmi ses livres se trouvaient. entre autres, un Homère et un Cicéron qu'il légua par testament à son abbaye de Saint-Denis (1).

Enfin la carrière de Jean Jouffroy l'avait souvent ramené en Italie. Non seulement il avait étudié à l'université de Pavie, mais il y fut professeur, y enseignant le droit canon pendant trois ans, de 1435 à 1438. Devenu cardinal, il eut à Rome, maison de ville et maison de campagne, « hostel » et « vigne » (2). C'est là, que se trouvait, quand il mourut, une partie de sa bibliothèque. Il est vraisemblable que, pour se procurer ces livres laissés par lui dans la Ville Éternelle, il avait dû maintes fois s'adresser à ces libraires italiens parmi lesquels Vespasiano tenait le premier rang.

On pourrait faire encore une observation assez curieuse. M. Fierville. qui a consacré une savante étude à la vie du cardinal Jouffroy, s'est demandé si celui-ci n'avait pas connu en Italie quelques hellénistes. D'après lui, tout ce qu'on est en droit de dire avec une apparence de certitude, c'est que Jean Jouffroy a pu être en relations, en dehors du cardinal Bessarion qui fut son collègue dans le Sacré Collège, d'une part avec Guarino de Vérone qui se trouva en même temps que lui au concile de Ferrare, et d'autre part avec Lorenzo Valla qu'il eut peut-être à Pavie comme professeur (3). Or, nous venons de voir que les deux manuscrits destinés par Jouffroy au roi de France renferment précisément des traductions dues à la plume des mêmes Guarino et Valla.

Quant au roi Louis XI, on ne le considère généralement pas comme devant prendre rang parmi les grands

(1) En dehors des deux manuscrits dont nous venons de parler, et qui portent l'étiquette de la librairie de Vespasiano da Bisticci, M. L. Delisle a bien voulu m'en signaler un troisième qui montre également réunis, dans la bordure de la première page, les deux blasons du roi Louis XI et du cardinal Jouffroy. Ce manuscrit est un superbe exemplaire du traité de Robertus Valturius sur l'art militaire (Ms. latin 7237 de la Bibliothèque Nationale). Les deux blasons sont placés dans un espace rectangulaire, ménagé au bas de la bordure, et se détachant sur un fond de paysage. L'écusson du roi occupe la place d'honneur, à dextre. Il est un peu plus élevé que l'autre ; mais les deux écus sont de la même dimension.

(1) Dans ce testament, le cardinal Jouffroy lègue à l'abbaye de Saint-Denis ceux de ses livres qui sont à Rome. Quant à ceux de France, il les donne à son neveu « excepté le livre de messire Pophile, auquel je vueil qu'il soit rendu et restitué, excepté aussi mon Homère et mes oroisons de Tulle, lesquelz je donne à Saint-Denis ». (Martène, *Thesaurus anecdotorum*, t. I, col. 1843).

(2) Expressions du testament du cardinal.

(3) Fierville, *Le Cardinal Jean Jouffroy* [1874, in-8°], p. 231.

bibliophiles. Cependant il résulte d'une série de témoignages réunis par M. Delisle, que Louis XI n'était pas sans s'intéresser aux études et aux livres. C'était même un moyen de lui être agréable que de lui offrir des manuscrits. Ainsi firent Alain de Coetivy, évêque de Dol, et Jean de Beauveau, évêque d'Angers. (1) De son côté Vespasiano da Bisticci raconte dans ses *Vite* que Donato Acciajoli, s'étant joint à l'ambassade envoyée à Louis XI par la République de Florence au moment de son avénement, eut soin d'apporter au souverain une vie de Charlemagne qu'il avait composée (2). Cela valut à Donato Acciajoli, sans parler d'une récompense en argent, un accueil

(1) L. Delisle, *Le Cabinet des Mss. de la Bibl. Nat.*, t. I, p. 74.

(2) J'ai retrouvé l'exemplaire même de cette vie de Charlemagne qui fut offert à Louis XI, à Cambridge, dans les collections du Fitzwilliam-Museum (n° 180 du beau catalogue de M. M.-R James). Ce manuscrit présente, à divers égards, de frappantes ressemblances matérielles avec notre Strabon, et paraît très probablement sortir aussi de l'atelier de Vespasiano.

qui ne fut pas plus tard sans utilité pour la réussite de certaines négociations de la République florentine avec la cour de France (1).

Il semble donc que Louis XI dut être très à même d'apprécier à sa valeur le manuscrit de Strabon, orné à son intention du beau frontispice que nous publions en tête de notre étude.

En tout cas, une conclusion désormais acquise résulte de ce qui précède : c'est que grâce au cardinal Jouffroy, Vespasiano da Bisticci se trouve en somme avoir fourni des livres pour Louis XI. Il est très intéressant d'être ainsi autorisé à inscrire un de nos rois parmi les souverains et les hauts personnages dont le brave libraire florentin a contribué à enrichir les bibliothèques, à côté des noms glorieux de Nicolas V, de Cosme de Médicis et de Mathias Corvin.

(1) *Vite* de Vespasiano, édition Frati, t. II, p. 257 et t. III, p. 188.

III

Le Mortifiement de vaine plaisance de Philippe-le-Bon, duc de Bourgogne

Dans la première de ces études, consacrée au superbe *Strabon* de la bibliothèque d'Albi, j'ai publié une miniature renfermant un portrait du roi René, tracé par un artiste italien. Nous pouvons trouver une occasion de contraste assez piquant, en opposant à ce *Strabon* un autre manuscrit qui contient également dans ses peintures l'image du même roi René, mais sortie cette fois du pinceau d'un enlumineur flamand.

Le manuscrit en question appartient à la Bibliothèque royale de Bruxelles, n° 10308. Il renferme le texte d'une des œuvres littéraires du roi René : Le *Mortifiement de vaine plaisance*.

Le *Mortifiement de vaine plaisance* est un traité de morale religieuse animé du plus grand esprit de piété, dans lequel René a cherché à exprimer, au moyen d'allégories, les sentiments qui doivent inspirer une âme dévote et repentante dans son retour vers Dieu.

Le traité porte la date de 1455, ce qui doit sans doute s'entendre de l'achèvement du livre, René ayant dû concevoir la pensée de son ouvrage ascétique à l'époque où il venait de perdre sa première femme, Isabelle de Lorraine, et n'était pas encore engagé dans ses nouvelles amours, c'est-à-dire de 1442 à 1444 (1). L'œuvre est dédiée à l'archevêque de Tours, lequel était alors Jean Bernard, que René honorait d'une amitié particulière. Ce dernier renseignement nous est fourni, ainsi que l'indication de date, par le titre placé en tête de l'ouvrage. On peut lire ce titre sur la première des deux illustrations accompagnant la présente étude, qui reproduit le début du manuscrit de Bruxelles : « S'ensieut ung petit traittié d'entre l'ame devote et le cuer, lequel s'appelle le *Mortiffiement de vaine plaisance*, fait et composé par René, roy de Secile, duc d'Anjou, par luy mandé et intitulé à très reverend père en Dieu l'archevesque de Tours : lequel traittié fu fait en l'an mil IIII^c lv [1455]. »

Dans le prologue de son traité, adressé à l'archevêque, René expose qu'il n'a songé, en l'écrivant, qu'aux gens simples et laïques ; il se soumet d'avance aux corrections que pourraient avoir à y faire les gens d'Eglise : « Je ne l'ay point fait en aultre intention fors que pour y povoir faire fructifier les simples gens laiz, et non pas pour donner occasion aux grans clercs fondez en haulte science d'arguer encontre. Toutesfois je n'entens point, ne ja à Dieu ne plaise, très Reverend Père en Dieu, que là où vous et tous aultres clercs y verrez à reprendre, que ne le doyez et puissiez corrigier, s'il vous plaist ; et de ma part chierement vous en prie ».

En terminant son prologue, René résume en quelques mots l'allégorie qu'il va développer : « Et pour donner à entendre la matière, fictionnellement raconteray comment l'Ame dévote à seule Crainte de Dieu et à parfaicte Contrition se complaint piteusement du cuer plain de vaine plaisance, qui la tourmente fort. Et lors seule Crainte et parfaite Contrition se saisirent du cueur, et puis le baillirent à souveraine Amour, à vraie Esperance et à ferme Foy ; lesquelles, pour du tout le joindre à la passion de son Sauveur, le clouent sur l'arbre de la croix, et Grâce divine, pour mortifier sa vaine plaisance, luy met le fer de la lance au costé. Et par ainsi, l'Ame dévote vit en ce monde en grant contentesse et repos avecques son cuer. »

(1) Voir, à ce sujet, Lecoy de la Marche, *Le Roi René* t. II, p. 162-163.

Sous la plume du roi auteur, toutes ces abstractions : l'Ame pénitente, la Crainte de Dieu, la Contrition, la Souveraine amour ou Charité, la Foi, l'Espérance, la Grâce divine deviennent en quelque sorte des êtres vivants qui agissent, et qui conversent entre eux, le plus souvent en prose, mais parfois aussi en vers, interrompus de temps en temps par l'*acteur*, ou auteur, qui intervient lui même.

René dépeint d'abord l'Ame tenant son cœur de ses deux mains contre sa poitrine et se désolant de ses faiblesses. Elle est abordée par deux dames. Crainte de Dieu et Contrition. Celles-ci la réconfortent ; elles l'engagent à purifier son cœur des pensées frivoles et particulièrement de la vaine plaisance à laquelle il faut substituer l'amour de Jésus-Christ « doulce et parfaite ». Pour faire comprendre à l'Ame ce qu'elle doit à Dieu et comment il faut gagner le salut, Crainte de Dieu lui récite trois paraboles, évoquant successivement l'image d'un voiturier qui est chargé de conduire une reine mais qui a à lutter contre l'indocilité de ses chevaux, lesquels figurent nos sens déréglés : puis celle d'une pauvre femme qui veut porter son blé au moulin, mais qui se trouve avoir à traverser, avant d'arriver, un pont vermoulu et glissant ; enfin celle d'un homme d'armes qui monte vaillamment à l'assaut d'une ville, à travers tous les dangers et malgré les traits des ennemis. L'Ame convaincue livre son cœur à Crainte de Dieu et à Contrition. Crainte et Contrition emportent le cœur jusqu'à un beau jardin, où se trouvent, autour d'une croix qui repose sur le sol, quatre dames personnifiant la Foi, l'Espérance, la Charité et la Grâce Divine. Les trois premières clouent le cœur sur la croix et la dernière le perce d'une lance. A travers les blessures ainsi causées, s'échappent, avec le sang du cœur, toutes ses impuretés. Crainte de Dieu et Contrition rapportent alors à l'Ame son cœur toujours cloué sur la croix et maintenant dégagé de toute vaine plaisance ; et le traité s'achève par une belle et touchante prière d'actions de grâce de l'Ame à Dieu.

C'est, on le voit, une espèce de drame qui se joue entre ces abstractions personnifiées, René va jusqu'à donner de celles-ci des signalements physiques. Ainsi Crainte de Dieu apparaît ayant au-dessus de sa tête une grande épée sur laquelle sont écrits en lettres rouges de sang les mots : Divine Justice. De même Contrition « estoit nue jusques aux rains et en sa main portoit une paire de verges, et de l'aultre main venoit battant sa coulpe (1) ». Ces descriptions littéraires nous intéressent parce qu'elles ont servi de guide aux miniaturistes pour illustrer l'ouvrage.

Le Mortifiement de vaine plaisance a été analysé par le vicomte de Villeneuve Bargemont dans son *Histoire de René d'Anjou* parue en 1825 (2), puis publié intégralement en 1846 par le comte de Quatrebarbes (3). M. Paul Viollet en a donné des extraits dans ses *Œuvres chrétiennes des familles royales de France* (1). Plus récemment, le dernier historien du roi René, M. Lecoy de la Marche, s'en est encore occupé assez longuement (2).

J'aurai occasion de revenir, dans une autre de ces études, sur la question des différents manuscrits de ce traité du roi René. Je me bornerai à dire ici que le comte de Quatrebarbes, pour son édition, n'a connu que trois manuscrits du *Mortifiement*, appartenant tous à la Bibliothèque Nationale (Mss. français 960, 12443 et 19039 (3). Ces trois manuscrits sont également les seuls qu'ait pu voir M. Lecoy de la Marche. Parmi eux, il n'en est qu'un, le Ms. français 19039, qui contienne des miniatures. Faute de mieux, M. de Quatrebarbes, voulant donner une édition illustrée, a reproduit ces miniatures en gravures au trait, avec des dimensions amplifiées (4). Mais le manuscrit français 19039 est d'une date qui s'éloigne déjà assez sensiblement du moment où le traité fut composé. Il n'a été copié que près de soixante ans plus tard, en 1514, ainsi que l'atteste une note en lettres rouges qui termine le volume : « Cy fine le Mortiffiement de vaine plaisance, escript et finé par la main de Jehan Coppre, prebstre de Varroingnes, au commandement de Monsieur de Flagy. En miliare, l'an xv^{c} et xiiii. »

D'ailleurs, le volume, sous le rapport matériel, a une apparence tout-à-fait flamande. Cette apparence est surtout très sensible dans les miniatures. On retrouve dans celles-ci le caractère des œuvres de l'école ganto-brugeoise du commencement du xvie siècle, dont les Benning et les Horebout furent les représentants les plus brillants. Cette particularité s'explique du reste très naturellement. Varogne et Flagy, dont il est question dans la souscription du copiste, sont deux localités voisines de l'ancienne Comté de Bourgogne, situées à proximité et au nord de Vesoul (5). Or, on sait qu'en 1514 la Comté de Bourgogne, ou Franche-Comté, continuait, au point de vue politique, à suivre les destinées de la Flandre, soumise à la même domination.

Ajoutons que les peintures du manuscrit français 19039 n'ont pas seulement contre elles leur date relativement un peu basse. Il semble qu'elles présentent encore le défaut d'avoir été retouchées par endroits. Cette circonstance se produit justement pour celle d'entre elles que l'on a citée (6) comme plus spécialement intéressante, la première de la série, représentant René dans son cabinet. Dans cette miniature, la tête paraît avoir été toute repeinte. En tous cas, elle est absolument banale, sans aucun caractère d'individualité.

Or, il existe d'autres manuscrits à miniatures du *Mortifiement de vaine plaisance*, restés inconnus aux derniers érudits s'étant occupés du roi René, qui, entre autres supériorités, présentent celle de remonter à une époque

(1) Edition, qui sera citée plus bas, du *Mortifiement de vaine plaisance* donnée par M. de Quatrebarbes, *Œuvres complètes du Roi René*, t. IV, p. 7.

(2) T. II, p. 383-393.

(3) *Œuvres complètes du roi René* [4 vol. in-4°, 1845-1846], t. VI, p. 1-61.

(1) [Paris, 1870, in-8°], p. 155-162.

(2) *Le roi René*, t. II, p. 162-165.

(3) Anciennement numéros 7293 (Baluze 520), 7293^{2}, et Saint-Germain 1797.

(4) *Œuvres complètes du roi René*, t. IV, huit planches.

(5) Département du Doubs, arrondissement de Vesoul : Varogne, dans le canton même de Vesoul, Flagy dans le canton de Port-sur-Saône.

(6) Villeneuve-Bargemont et Lecoy de la Marche.

LE ROI RENÉ DANS SON CABINET DE TRAVAIL

(Première miniature du *Mortifiement de vaine plaisance* de Philippe-le-Bon, duc de Bourgogne).

beaucoup plus rapprochée de la date inscrite en tête de l'ouvrage même, et qui sont ainsi d'un intérêt très supérieur.

Tel est le cas pour le manuscrit 10308 de la Bibliothèque royale de Bruxelles, dont nous nous occuperons exclusivement dans la présente monographie.

Ce manuscrit n'émane pas directement, comme un autre sur lequel nous reviendrons plus tard dans nos études, de l'entourage du roi René. Le caractère seul de l'écriture indique qu'il a été copié en Flandre. Cette grosse écriture, dite bâtarde, est en effet celle que l'on trouve dans les volumes transcrits par les plus habiles calligraphes flamands du xve siècle, tels que David Aubert, pour les ducs de Bourgogne et le fameux bibliophile Louis de Bruges, seigneur de la Gruthuyse. De même, l'aspect des miniatures dénote aussi la main d'un artiste appartenant à l'école flamande. Mais si le volume a été fait en Flandre, il est certain d'autre part que c'est pour le duc de Bourgogne Philippe-le-Bon qu'il a été exécuté. Or, Philippe-le-Bon est mort en 1467. Le manuscrit de Bruxelles ne saurait donc être postérieur à cette date : et ceci nous ramène à une période immédiatement voisine, à dix ou douze ans près tout au plus, de la composition du *Mortifiement* par René, un demi-siècle environ avant qu'ait été écrit et peint pour M. de Flagy le manuscrit possédé par notre Bibliohèque Nationale.

Quant au fait que le volume provient du duc Philippe-le-Bon, il ressort des ornements que l'on voit disposés en bordure autour de la première page, dont nous donnons la reproduction.

Dans le montant latéral, est peint l'écusson du duc de Bourgogne, avec le collier de la Toison d'Or, surmonté de la fleur de lys des princes du sang et du cri de guerre de la Maison de France : *Monjoye*. Au-dessus, sur une banderole se lit la devise personnelle de Philippe-le-Bon : *Aultre n'auray*. Ecusson et devises sont accompagnés des emblèmes du même prince : deux E E se faisant face et réunis par un lac d'amour, et les fameux fusils ou briquets (formés d'un morceau de métal, découpé en volutes, qui fait jaillir des étincelles d'une pierre à fusil) que le duc de Bourgogne avait, on le sait, introduits dans le collier de l'ordre de la Toison d'Or, créé par lui.

Dans le bas de la bordure, sont les armes et la devise de la duchesse Ysabelle de Portugal, la troisième femme de Philippe-le-Bon, qu'il avait épousée en 1430 et qui lui survécut. L'écusson de la duchesse, parti de Bourgogne et de Portugal, et en forme de losange comme il convient pour une femme, est placé dans un emblème figurant une barrière en palissades. Derrière passe une banderole portant la devise : *Tant que je vive*. Enfin à droite et à gauche, sont les initiales réunies des prénoms des deux époux : P. Y. Philippe-Ysabelle.

Ces marques distinctives si complètes suffisent pour établir la provenance du manuscrit. Mais on peut en outre suivre le volume à travers les âges, dans les catalogues et inventaires successifs de la Bibliothèque de Bourgogne. Déjà porté sur un état datant de 1467, on environ, on le retrouve encore, notamment, mentionné dans l'« inventoire général » fait à Gand le 21 juillet 1485, où il est décrit avec une précision de détails qui ne laisse aucun doute sur son identité :

« Item ung autre livre en parchemin, de grosse lettre bastarde, illuminé d'or et d'azur, où il y a au quemenchement une histoire où il y a un home assiz en une chaiere (1), avironné de vignettes semées de fusiz, des armes et la devise de feuz Monseigneur le duc Philippe et dame Ysabel de Portugal, intitulé « *Le traictié d'entre l'ame devote et le cuer, qui s'appelle le Mortiffiement de vaine plaisance* ; quemenchant au second feuillet : « *De lache négligence* » et finissant en lettre rouge : *cy finent plusieurs belles Oraisons et Méditacions* » ; couvert le dit livre d'unes brayes de velours noir doublées de tiercelet de soye, à quatre houpettes garniz de fil d'or et de soie noire, où il y a escript dessups ladite couverture : le *Miroir de l'Ame* ; garni le dit livre de deux cloans d'or à façon de fusiz » (2).

Indépendamment de son ancienneté et de son illustre origine, le manuscrit de Bruxelles est encore précieux par la beauté de son exécution, Les miniatures, du fini le plus caressé, mais en même temps vives et spirituelles, sont traitées avec une habileté de facture, une délicatesse de touche et une science de l'harmonie des tons dont les procédés photographiques ne peuvent que très imparfaitement donner l'impression. Les fonds de paysage, surtout, offrent des effets charmants. Le même soin a été apporté à toute la partie matérielle, transcription du texte, décoration des marges, etc. Si bien que cet exemplaire du *Mortifiement de vaine plaisance*, pour avoir été fort peu remarqué jusqu'ici (3), et n'être pas compté parmi les volumes célèbres de la Bibliothèque royale de Bruxelles, n'en est pas moins un des livres les plus accomplis qui aient été exécutés pour les ducs de Bourgogne.

Le manuscrit 10308 de Bruxelles est de format petit in-f°, contenant 213 feuillets qui mesurent 280^{mm} de haut sur 210^{mm} de large, avec le texte en longues lignes. Les miniatures sont au nombre de neuf, toutes à peu près à mi-page. Les compositions, dans leur ensemble, sont analogues à celles du manuscrit de Paris, qui ont été reproduites par le comte de Quatrebarbes. Il est assez vraisemblable de penser qu'elles sont le prototype de ces dernières, et que l'enlumineur travaillant quelques cinquante ans plus tard pour M. de Flagy, a dû s'inspirer du manuscrit de Philippe-le-Bon, qu'il a pu voir dans la bibliothèque des souverains de son pays.

La première miniature, en tête du volume de Bruxelles, sur le feuillet qui porte les armoiries et devises du duc et de la duchesse de Bourgogne, nous montre le roi René, assis dans son cabinet de travail, écrivant son traité du *Mortifiement*. La reproduction que nous donnons de cette page nous dispense d'une longue description. René est représenté vêtu d'une grande houppelande rose garnie de fourrures dans le bas et aux manches. Sur sa tête est un chaperon noir brodé d'or, surmonté d'une couronne d'orfévrerie. A gauche, le peintre a ménagé une échappée de vue sur une route pavée et sur un jardin, avec des mai-

(1) Je rétablis le mot que Barrois a mal lu : Chaiere.

(2) Barrois, *Bibliothèque protypographique*, p. 133, n° 789, et p. 228, n° 1614.

(3) Je suis même peut-être le premier à avoir commencé à rendre justice à ce beau volume, ayant eu occasion d'en parler en 1892 dans mes *Notes sur quelques manuscrits français ou d'origine française, conservés dans des bibliothèques d'Allemagne* [extrait de la *Bibliothèque de l'Ecole des Chartes*, t. LIII, p. 138 ; et p. 26 du tirage à part]. En tout cas, il est resté inconnu, comme nous l'avons dit, aux érudits qui se sont occupés du roi René ; et je ne crois pas non plus qu'il ait été cité avant nous par aucun des historiens de l'art ayant traité des miniatures de manuscrits.

sons à l'horizon. Sur le mur derrière René, au-dessus de la porte d'entrée, sont peintes les armoiries du roi-auteur, qui sont aussi répétées au bas de la page dans l'intérieur de l'initiale du « proesme » ou prologue (1).

Les autres miniatures font successivement passer sous nos yeux :

L'Ame debout, tenant son cœur de ses deux mains contre sa poitrine ;

La rencontre de l'Ame avec Crainte de Dieu et Contrition ;

La parabole du voiturier qui conduit une reine ;

La parabole de la vieille qui porte son blé et va passer le pont dangereux ;

La parabole de l'homme d'armes qui monte à l'assaut ;

L'Ame baillant son cœur à Crainte de Dieu et à Contrition (2) ;

Le cœur cloué sur croix par les Vertus (3) ;

Enfin Crainte de Dieu et Contrition rendent à l'Ame son cœur purifié, toujours cloué sur la croix (4).

De ces miniatures, la plus intéressante est l'avant-dernière, qui représente la scène capitale de l'allégorie, celle que le roi René résume dans le passage de son prologue que nous avons cité plus haut, le moment où le cœur est cloué sur la croix et percé de salutaires blessures.

Nous donnons la reproduction de cette miniature. L'image suit rigoureusement les indications du texte. Déjà Foy et Espérance enfoncent leurs clous à travers le cœur. Vraye-Amour ou Charité s'apprête à en faire bientôt autant. En avant, à droite, Grâce-Divine attend le moment de frapper le cœur de sa lance ; d'une main elle tient la hampe, et de l'autre le fer, de cette lance. Conformément à la description écrite par René, Grâce-Divine est vêtue en impératrice, ayant sur sa tête « une très riche coronne à trois moult riches et larges fleurons » avec « ses espaules et son chief environnez de rayes de soleil » (1). A gauche du tableau, sont debout Crainte de Dieu avec l'épée de Divine Justice au-dessus d'elle, et Contrition qui se frappe de ses verges. Toujours conformément au texte (2), la scène se passe dans un jardin, dont la porte est surmontée d'une inscription.

A la porte de ce jardin, le miniaturiste a représenté une seconde fois le roi René. Celui-ci est debout, le corps en partie vu de dos, la tête tournée de profil à droite, vêtu et coiffé exactement comme dans la première miniature.

Ainsi que nous le disions en commençant cette étude, il est très intéressant de comparer ces deux miniatures où le roi René est mis en scène, avec la grande peinture du *Strabon* d'Albi, qui nous montre le même personnage recevant l'hommage du volume offert par Jacques-Antoine Marcello. Ce rapprochement fait ressortir la divergence des tendances entre le génie italien et le génie flamand. L'artiste italien est préoccupé de l'élégance, de la distinction. Aussi a-t-il marqué sa figure d'un certain air d'idéalisme, peignant un roi René, comme nous l'avons fait observer, sensiblement trop maigre et trop élancé. L'artiste flamand au contraire, est dominé par le sentiment du naturalisme ; il n'a songé qu'à reproduire, sans chercher à la flatter, la physionomie véritable du modèle, autant qu'il pouvait la connaître, avec son nez court, son visage aux chairs grasses et molles, son corps un peu alourdi par l'embonpoint. Il est même plutôt allé presque trop loin dans cette voie. En dépit de la couronne qui surmonte son chaperon, son roi René, surtout dans la première miniature, a un aspect fort bourgeois ; aspect qui d'ailleurs, il faut bien l'avouer puisque les médailles et tableaux sont d'accord sur ce point, n'était pas sans exister dans la réalité. Tout en conservant l'exactitude de l'aspect physique, il était possible d'éviter l'un et l'autre écueil, et d'arriver à donner du roi René un portrait encore beaucoup plus ressemblant et cependant moins vulgaire.

Ce portrait, disons-le dès maintenant, existe en effet dans la série des miniatures, tracé non plus par une main italienne ni par un pinceau flamand, mais par un miniaturiste de premier ordre, qui a travaillé en France, au service du roi René lui-même. Nous retrouverons ce miniaturiste dans la suite de nos études.

(1) Il est à noter que l'enluminenr s'est trompé dans ces armoiries. Il a donné à René un blason à six quatiers, trois en chef : Hongrie, Anjou-Sicile et Jérusalem ; et trois en pointe : Anjou-Nouveau, Bar et Lorraine. C'était, en effet, le blason que le roi René avait longtemps porté ; et le miniaturiste aurait pu en trouver le modèle sur les magnifiques sceaux de René que le duc de Bourgogne avait dans ses Archives et qui sont encore aujourd'hui à Lille. Mais à l'époque où il composa le *Mortifiement*, René, par suite de la mort de sa première femme, avait dû abandonner les armes de Lorraine et ne portait plus qu'un écussonà cinq quartiers, toujours trois en chef, mais deux seulement en pointe.

(2) Ces sept premières miniatures qui viennent d'être énumérées, sont à rapprocher des miniatures du manuscrit de Paris dont M. de Quatrebarbes a donné les dessins dans son édition du *Mortifiement : Œuvres complètes du roi René*, t. IV, pl. n°s 1 à 7 du *Mortifiement*.

(3) Ce sujet manque à la série des images données par M. de Quatrebarbes, le feuillet qui portait cette miniature dans le manuscrit de Paris (entre les f[es] numérotés aujourd'hui 273 et 274) ayant été enlevé d'ancienne date du volume.

(4) Comparer *Œuvres complètes du roi René*, t. IV, pl. 8 du *Mortifiement*.

(1) *Mortifiement de vaine plaisance*, édition de Quatrebarbes, p. 49. — Les « rayes de soleil » formées de traits d'or viennent mal en photographie, mais elles sont très visibles sur l'original.

(2) Edition de Quatrebarbes, p. 46.

LE CŒUR CLOUÉ SUR LA CROIX PAR LES VERTUS

(Miniature du *Mortifiement de vaine plaisance* de Philippe-le-Bon, duc de Bourgogne)

IV

Les Bibles françaises des ducs de Bourgogne

La partie de l'ancienne bibliothèque des ducs de Bourgogne conservée actuellement à Bruxelles, à laquelle appartient l'exemplaire du *Mortifiement de vaine plaisance*, objet de notre précédente monographie, renferme encore un grand nombre de très beaux manuscrits, rentrant dans notre cadre comme provenant de divers princes de la Maison de France.

Parmi ces manuscrits, il en est qui ont été depuis longtemps signalés comme particulièrement remarquables et auxquels cependant on n'a jamais consacré jusqu'ici d'étude suffisamment détaillée. Il y a là, pour l'érudition, une lacune qu'il est intéressant de chercher à combler.

Le marquis de Laborde, lorsqu'il préparait son grand ououvrage sur *les Ducs de Bourgogne*, dont on sait qu'une portion seulement a paru (1), était allé à Bruxelles pour étudier les manuscrits de l'ancienne bibliothèque de Bourgogne. Dans la préface de son tome premier, il ne cache pas que cet examen l'a déçu. Il n'a pas trouvé, dans les miniatures conservées à Bruxelles, les hautes qualités d'art qu'il s'attendait à y rencontrer.

« J'ai perdu, dit-il, beaucoup des illusions que je m'étais faites sur cette belle collection. En effet, quand on l'étudie avec méthode, on voit que, pour l'époque comprise entre les années 1384 et 1482, c'est-à-dire pour la grande époque de l'école flamande, elle ne possède que deux manuscrits hors ligne. Je m'explique. Il y eut au quinzième siècle de grands peintres qui faisaient, par exception, de petites et admirables miniatures; il y eut, en même temps, d'adroits praticiens qui exécutaient, comme en fabrique, l'enluminure d'innombrables manuscrits. Entre ces productions également brillantes de couleur, également rehaussées d'or, la différence est grande : les unes, piquantes d'originalité, inspirées par le talent, sont des jalons dans l'histoire de la peinture ; les autres, monotones et insipides, étaient et sont restés un grand luxe, mais voilà tout. Or, je le répète, sauf deux exceptions, la Bibliothèque dite de Bourgogne ne possède que les brillants produits de la seconde espèce. Je m'empresse de désigner ces deux manuscrits. »

L'un est le tome 1er des Chroniques de Hainaut par Jacques de Guise (1), que M. de Laborde envisage uniquement au seul point de vue d'une miniature de présentation placée en tête du volume. Cette miniature de présentation est, en effet, une œuvre de tout premier ordre, si belle qu'on a pu aller jusqu'à vouloir l'attribuer, d'ailleurs sans preuve aucune, à un grand artiste tel que Rogier Van der Weyden.

« Le second manuscrit à miniatures, continue M. de Laborde, que j'ai cru devoir placer au-dessus des autres et signaler ici, est d'une main française. Elle s'est appliquée à orner une Bible historiale (n°s 9001, 9002 et 9025). Au feuillet 219 du n° 9002 et au feuillet 439 du n° 9025, se trouvent deux grandes miniatures dont l'éclat tempéré et harmonieux plaît au premier abord. En les étudiant davantage, on est frappé du caractère particulier de ces chastes expressions, du charme séduisant de ce type de beauté également étranger aux traditions vieillies des Byzantins et à l'imitation toute locale des Van Eyck. Cette école française, contemporaine des premiers essais de l'école de Bruges, s'en distingue comme l'école de Cologne, et elle n'eut comme elle qu'une existence éphémère. » (2).

Depuis que ces lignes ont été écrites, la miniature de présentation des Chroniques de Hainaut a conquis la

(1) *Les Ducs de Bourgogne, études sur les lettres, les arts et l'industrie pendant le XVe siècle... 2e partie. Preuves.* (Paris, 1849-1851, 3 vol. in-8°).

(1) Ce manuscrit, dans son ensemble, comprend trois volumes in-f°, n°s 9242 à 9244, de la Bibl. royale de Bruxelles.

(2) *Les Ducs de Bourgogne*, t. I, p. LXXXIII et LXXXIX.

notoriété. Elle a notamment été l'objet d'un savant travail de M. Ruelens, paru dans la *Gazette Archéologique* (1) : et on l'a plusieurs fois reproduite, en noir ou en couleur (2).

Il en a été bien différemment, au contraire, pour ce que M. de Laborde appelle le « second manuscrit » qu'il croit « devoir placer au-dessus des autres ». Malgré la haute autorité d'un pareil connaisseur en matière d'art, les deux autres miniatures dont il faisait si grand cas et qu'il signalait comme ornant une Bible historiale, sont demeurées négligées, à peine citées de loin en loin, et seulement en passant, par quelques rares érudits, tels que le savant Mgr Dehaisnes.

C'est à mettre en lumière ces deux pages de Bible admirées par l'auteur des *Ducs de Bourgogne*, et, d'une manière plus générale, à étudier les manuscrits qui les renferment, puis, par extension, les autres volumes de même nature jadis possédés par la Maison de Bourgogne, que nous consacrerons cette étude.

Tout d'abord, il y a lieu de faire une rectification. A lire le passage cité de la préface du marquis de Laborde, on pourrait croire qu'il est question d'une seule bible historiale qui serait cataloguée à la Bibliothèque royale de Bruxelles sous les trois numéros 9001, 9002 et 9025. En réalité, il s'agit de deux exemplaires distincts de la Bible historiale, c'est-à-dire de la bible traduite en français avec les explications rédigées par Guyart Desmoulins d'après l'*Histoire scholastique* de Pierre Comestor ou le Mangeur. Chacun de ces exemplaires est complet et en deux volumes. Les deux tomes de l'un portent les n°s 9001 et 9002 ; les deux tomes de l'autre les n°s 9024 et 9025, dans la numérotation du catalogue de Bruxelles. Quant aux deux grandes miniatures citées dans la préface des *Ducs de Bourgogne*, celle du f° 219 du n° 9002, et du f° 439 du n° 9025, elles se correspondent en quelque sorte d'un exemplaire à l'autre, se trouvant également placées dans chacun des exemplaires au commencement de la partie du Nouveau Testament, et représentant le même sujet traditionnel de l'Arbre de Jessé.

Nous publions ici les reproductions de ces deux « Arbre de Jessé » d'après des photographies prises à Bruxelles. Nos deux planches, étant en noir, ne peuvent rendre malheureusement que d'une façon très imparfaite la beauté des originaux. Dans ceux-ci les tableaux se détachent sur des fonds d'or bruni, dont la note vibrante et chaude se combine à merveille avec les tonalités transparentes employées pour les figures, en donnant un effet d'ensemble très riche, mais en même temps plein d'harmonie, qui fait songer à une sorte de belle plaque d'émail. Cet effet disparaît à peu près complètement dans la photographie, où l'or est venu en sombre, renversant ainsi l'échelle des valeurs. En outre, dans la photographie encore, le trait des miniatures s'alourdit et prend de la rudesse en se dépouillant de l'enveloppe du coloris. Il faut suppléer par la pensée tout ce qui manque de cet « éclat tempéré et harmonieux » qui charmait M. de Laborde et qui existe dans la réalité. Telles qu'elles sont, cependant, nos reproductions peuvent du moins montrer la savante entente de la composition et faire deviner le soin apporté à l'exécution.

Elles laissent voir aussi les ressemblances qui existent entre ces deux pages, l'une par rapport à l'autre, ressemblances qui découlent d'ailleurs très naturellement de la similitude du sujet. Dans les deux miniatures nous voyons également Jessé couché, plongé dans un profond sommeil, tandis que derrière lui s'élève l'arbre symbolique qui figure sa race. Les extrémités des branches de cet arbre portent des bustes de rois de Juda tenant chacun des instruments de musique variés. Sur la tige centrale, la Vierge est debout, serrant tendrement contre elle son divin fils : Egredietur Virgo de radice Jesse. On peut noter toutefois des différences dans les détails. Ainsi dans la miniature du manuscrit n° 9025, en haut apparaît Dieu qui bénit la Vierge, ce qu'on ne trouve pas dans le manuscrit n° 9002. De même dans un cas il y a dix bustes de rois, et dans l'autre douze.

Ces indications générales données, il reste à étudier ce qui concerne en particulier chacun de ces deux manuscrits de la Bibliothèque de Bourgogne. Nous commencerons par celui qui porte les n°s 9024 et 9025.

Cet exemplaire de la Bible historiale est aujourd'hui divisé en deux tomes, couverts d'une reliure du temps de Napoléon Ier ; mais il est facile de constater que primitivement il ne formait qu'un seul gros volume dont les feuillets, groupés par cahiers de huit, avaient reçu dès l'origine une numérotation continue allant de 1 à 557, plus un feuillet blanc de garde, presque entièrement coupé depuis, complétant le dernier cahier, soit en tout 558 feuillets.

Dans l'état actuel, les pages, qui paraissent avoir été rognées à la reliure, mesurent 400 millimètres de haut, sur 290 millimètres de large. C'est le grand format de la librairie française du XVe siècle, celui dans lequel, pour employer l'expression alors en cours dans notre pays, « une peau de parchemin pouvait faire deux feuillets seulement », ce qui équivaut en somme à l'in-folio moderne.

Le texte est écrit sur deux colonnes, en grosse écriture posée, dite « écriture de forme » avec belles initiales décorées en or et couleurs et titres courants en bleu. Tout ce qui touche à la partie calligraphique et à l'ornementation purement matérielle est d'une exécution très riche et très soignée. L'écriture, ainsi que le style de la décoration, indiquent l'extrême fin du XIVe siècle ou les premières années du XVe, et rappellent tout à fait les beaux produits des ateliers parisiens de cette date.

A la même époque, de 1400 à 1415 environ, appartiennent aussi les miniatures qui illustrent le manuscrit. Celles-ci sont en tout au nombre de cent vingt-deux. La plupart sont insérées dans le texte et n'ont par suite que la largeur d'une des colonnes d'écriture. Trois font exception et s'étendent en travers sur toute la page.

Telle est d'abord une grande peinture placée en tête de la Genèse, dans un cadre fleurdelisé, qui représente, en six compartiments disposés sur trois rangées : 1° La Sagesse,

(1) Ruelens, *La miniature initiale des Chroniques de Hainaut*, dans la *Gazette archéologique*, t. VIII [1883], p. 317-327 et planche 55.

(2) Je citerai, notamment, l'excellente photogravure qui accompagne le travail de M. Ruelens dans la *Gazette archéologique*, et une chromolithographie parue dans *Les Chroniqueurs de l'Histoire de France* de Mme de Witt, 4e série (Paris, Hachette, 1886), p. 132.

L'ARBRE DE JESSÉ

(Miniature de la Bible française achetée par Jean-Sans-Peur en 1415).

(Nos 9024-9025 de la Bibliothèque royale de Bruxelles).

figurée par une reine assise sur un trône ; 2° La Trinité, en trois personnes exactement semblables, condamnant les démons ; 3° les trois personnes de la Trinité debout ; 4° La chute de Lucifer et d'une partie des anges ; 5° la bénédiction des bons anges par la Trinité ; 6° les mauvais anges tombant dans la gueule de l'enfer et se changeant peu à peu en démons. On pourra voir cette miniature reproduite en gravure au trait dans le catalogue des manuscrits de la Bibliothèque royale de Bruxelles par Marchal (1).

Une autre grande miniature en quatre compartiments, consacrée à montrer la sagesse de Salomon, orne le début des Paraboles ou Proverbes, et, par suite de la coupure du manuscrit en deux volumes, se trouve aujourd'hui ouvrir le tome II (n° 9025).

Enfin au commencement des Evangiles est placée la peinture de l'Arbre de Jessé.

Ces miniatures sont de mérite très inégal. Les petites, les plus nombreuses, sont souvent d'un faire médiocre, et quelques-unes même tout à fait grossières. Les grandes, au contraire, ont une vraie valeur ; et, parmi elles, le tableau en tête de la Génèse et surtout l'Arbre de Jessé, tout en restant encore très loin de certaines merveilles que l'on peut admirer dans quelques manuscrits exceptionnels du même temps, constituent réellement des œuvres à l'honneur de l'école de miniature qui florissait en France au commencement du XVe siècle. On peut dire que dans l'ensemble, malgré cette infériorité relative d'une notable partie des petites images, la Bible historiale n°s 9024 et 9025 de Bruxelles est un des beaux spécimens de ce genre de manuscrit.

Cette belle Bible faisait partie de très ancienne date de la bibliothèque de Bourgogne.

Il est possible de la suivre à travers les âges, grâce à une série d'inventaires dont les plus importants, du XVe siècle, ont été publiés par Barrois (2). En dressant ces vieux inventaires, on avait généralement pris soin de relever, pour chaque volume, les premiers mots qui commençaient le second ou quelquefois le troisième feuillet, et en outre, soit les premiers soit les derniers mots du dernier feuillet. Ce sont là de très précieuses indications, permettant aujourd'hui d'identifier en toute certitude les manuscrits encore existants qui proviennent des ducs de Bourgogne.

Dans le volume unique que constituaient jadis, avant la coupure en deux tomes, les n°s 9024 et 9025 de la bibliothèque royale de Bruxelles, le second feuillet du texte, table non comprise, commence par les mots : *estoit vaine et vuide ;* tandis que le dernier feuillet s'ouvre par : *heregemesceu*, et se termine par : *et en âme sans fin regner. Amen.*

D'après ces données, on peut remonter, sans parler des listes intermédiaires (3), jusqu'à un inventaire dressé à l'époque de l'avènement de Charles le Téméraire, par conséquent vers 1467. Notre bible historiale y est inscrite en ces termes : « Ung autre grant livre en parchemin couvert d'ais blans à petis clouz, intitulé au dehors : *C'est une Bible en françois* : comançant au second feuillet après la table : *Estoit vaine*. et au dernier : *herege mesceu* [mal lu par Barrois : Therese Mastreu] » (Inventaire de Bruges vers 1467. — Barrois, p. 125, n° 720).

Un autre inventaire datant du même temps, répète à peu près la même mention. « Ung autre grant livre en parchemin couvert d'ais blans, à petis clouz, intitulé au dehors : *C'est une Bible en franchois :* comencant au second feuillet après la table. *Estoit vaine*, et au darnier : *herege mesceu* [également mal lu : Therese Mastreu]. » Barrois, p. 215, n° 1505.)

Enfin un inventaire un peu plus récent, de 1487, ajoute des détails intéressants relativement à l'ancienne reliure du volume, qui est mieux décrite « Ung grant volume couvert de cuir blanc : dessoubs le cuir blanc, couvert de damas vert ; à deux cloans et à tout cincq boutons de lecton sur chacun costé, historié et intitulé : *C'est une Bible en franchois :* comenchant ou second feuillet, *Estoit vaine et vuide*, et finissant ou derrenier : *et en âme sans fin regner* » (Inventaire de Bruxelles en 1487. — Barrois, p. 247, n° 1727).

Les rapprochements que nous venons d'indiquer ne sont pas nouveaux. Ils ont déjà été signalés, notamment par Marchal, dans son catalogue des manuscrits de la Bibliothèque royale des ducs de Bourgogne, et par M. Samuel Berger dans son si précieux livre sur *la Bible française au moyen-âge* (1). Mais jusqu'ici on s'en est tenu là, et l'on n'a pas essayé de remonter plus haut. Or, le plus ancien inventaire allégué n'est que de 1467, et nous avons dit que notre Bible historiale parait dater des premières années du XVe siècle. Il reste donc encore un intervalle d'un demi-siècle au moins, pendant lequel on ne sait rien, quant à présent. Est-il possible d'arriver à dissiper cette obscurité ? Les inventaires ne donnant plus d'indication, il reste la ressource de recourir aux pièces détachées d'archives.

Parmi les documents concernant les livres commandés ou achetés par les ducs de Bourgogne, il en est deux très intéressants, dont les originaux paraissent perdus, mais que nous connaissons par des analyses, heureusement détaillées, et qui se complètent l'un l'autre.

L'analyse d'un de ces documents se trouve dans la collection de Bourgogne à la Bibliothèque nationale, et a été publiée par notre confrère M. Bernard Prost. Cette analyse est ainsi conçue :

« Par lettres de son château de Rouvre, 6 août 1415, le duc de Bourgogne mande à Jean de Noident, son conseiller et receveur général de finances, de payer à Jean Chousat, une Bible en françois, historiée et enluminée, qu'il a depuis peu prêtée à la duchesse, sa femme, qui l'a encores, le prix qu'elle sera estimée par l'évêque de Betléem, son confesseur, et ses conseillers les gens des comptes, les trois ou deux d'yceux avec ledit évêque qu'il commet pour ce faire. Guill. Courtot, Jean Bonost et le dit évêque le firent

(1) *Catalogue des manuscrits de la Bibliothèque royale des ducs de Bourgogne* (Bruxelles, 1842, 3 vol. in-f°), t. II, planche, et p. 229 du texte.

(2) *Bibliothèque protypographique ou Librairies des fils du roi Jean* (Paris, 1830, in-4°), p. 105 et suiv.

(3) La Bible qui forme les manuscrits 9024 et 9025 de Bruxelles, est inscrite dans l'inventaire dressé par Viglius en 1577 (n°s 651 et 652). A cette époque elle était déjà coupée en deux tomes. On la retrouve sur des catalogues de 1731 et de 1797. (Voir : Marchal, *Catalogue des manuscrits de la Bibliothèque royale des ducs de Bourgogne*, t. I, p. CCLXIV).

(2) *La Bible française au Moyen-Age*, p. 422.

en effet, le 22 septembre suivant audit an et déclarèrent, par acte dudit jour, que ladite bible, escripte de forme, contenant 558 feuilles et de grand volume de parchemin de vélin, dont une peau dudit parchemin pouvoit faire deux feuillets seulement, couverte de drap de soye vert et de une housse de cuir blanc, garnie de deux fermeillets d'argent dorez et esmaillez, et d'une pipe (1) d'argent doré, et par dessus la couverture y avoir assis dix grans cloux de léton dorez d'or, et au commencement du livre y avoit grandes hystoires d'ymages d'enlumineure, du large de toute la page, et, aux commencements d'un chacun chapitre et des hystoires de la bible, hystoriée d'ymages d'enluminure : laquelle bible estoit toute enluminée d'or et d'azur, pouvoit valoir 500 escus d'or (2).

L'analyse de l'autre pièce a été donnée par Peignot (3) qui l'avait tirée d'un compte de ce même Jean de Noident ou Noidan, conseiller et receveur général du duc de Bourgogne auquel sont adressées les lettres du 6 août 1415 :

« A Jehan Chousat, conseiller de Mgr le Duc, la somme de quatre cent cinquante francs, pour vente d'une Bible, toute neuve, en françois, historiée et enluminée d'or et d'azur et à ymaiges, écrite de lettres de forme, contenant 558 feuillets de grand volume de parchemin velin, dont la peau ne peut faire que deux feuillets seulement, et couverte de drap de soye vert et d'une housse de cuir blanc garnie de deux fermeillets d'argent doré et émaillé et d'une pipe d'argent doré : et, pardessus la couverture, y a assis dix grands clous de laiton doré d'or : et, au commencement des livres de la dite Bible, a grandes histoires d'ymaiges enluminés du large de toute la page : et, en chacun chapitre et histoires, sont ymaiges d'or et d'azur ; et cousta à faire plus de sept cens francs et a esté longtemps devers Madame la Duchesse à laquelle ledit Chousat l'avait pretée. Et laquelle Bible mondit Seigneur, à la requête de Madame sa Dame, a fait prendre et acheter audit Chousat et commis la taxe au confesseur dudit Seigneur et aux gens de ses comptes à Dijon, lesquels l'ont taxée en conscience à la somme de cinq cens escus ; et toutesfois il n'en a voulu prendre de mondit Seigneur que les dits quatre cent cinquante francs. »

Ces deux documents nous révèlent, on le voit, toutes les phases d'une importante acquisition faite par le duc de Bourgogne Jean sans Peur. Ils se résument ainsi. Quelque temps avant le mois d'août 1415, la duchesse de Bourgogne, c'est-à-dire Marguerite de Bavière, avait reçu en prêt d'un conseiller du duc, Jean Chousat, une bible en français, richement historiée et enluminée. Jean Chousat, ajoutons-le, était un ancien et fidèle serviteur de la Maison de Bourgogne. Originaire de Poligny et de modeste naissance, il s'était élevé par son propre mérite, commençant par occuper successivement diverses situations dans l'administration financière. En 1395, on le trouve trésorier du comté de Bourgogne ; vers 1400 ou 1401, il fut fait receveur général de toutes les finances du duc de Bourgogne, Philippe le Hardi, situation qu'il conserva quelque temps sous Jean sans Peur, en devenant ensuite son conseiller. Il devait mourir en 1433, après avoir continué à être investi de la confiance de Jean sans Peur, puis de celle de son fils et successeur Philippe-le-Bon (1).

Quant à la Bible, elle était « toute neuve », c'est-à-dire qu'elle venait d'être exécutée, et avait coûté à faire une somme très grosse, plus de sept cents francs. La duchesse garda longtemps le manuscrit communiqué par Jean Chousat, puis demanda au duc de l'acheter. C'est alors que, par acte du 6 août 1415, Jean sans Peur chargea son confesseur l'évêque de Bethléem (lequel était alors Jean Marchant), avec deux ou trois des gens de ses comptes à Dijon, de faire l'estimation du volume. L'évêque de Bethléem (2), Guillaume Courtot et Jean Bonost s'acquittèrent de leur expertise et, le 22 septembre suivant évaluèrent « en conscience » le manuscrit à 500 écus d'or. Mais Jean Chousat, avec un grand désintéressement, ne voulut accepter qu'une partie de ce prix, seulement quatre cent cinquante francs, beaucoup moins par conséquent que n'avait coûté la seule exécution matérielle du volume, puisque celle-ci avait entraîné une dépense de plus de sept cents francs. Et ce fut ce prix de 450 francs qui fut finalement soldé au généreux conseiller du duc de Bourgogne.

Or, cette bible française, dont les documents permettent de raconter l'acquisition par Jean sans Peur en 1415, n'est autre que notre manuscrit 9024 et 9025 de la Bibliothèque royale de Bruxelles. Nous avons à cet égard deux preuves décisives.

D'une part, les pièces comptables de 1415 mentionnent pour le volume une reliure assez compliquée et d'un genre rare. La Bible était doublement protégée à l'extérieur, couverte à la fois « de drap de soie vert et d'une housse de cuir blanc, garnie de deux fermeillets d'argent doré et émaillé... et par dessus la couverture y avoit assis dix grans cloux de laton dorez d'or ». Or, l'article de l'inventaire de 1487, rapporté plus haut comme s'appliquant sûrement à notre bible n°s 9024-9025, mentionne dans tous ses détails cette même reliure, si particulière « couvert de cuir blanc ; dessoubs le cuir blanc couvert de damas vert ; à deux cloans [fermoirs] et à tout cincq boutons de lecton sur chacun costé (soit dix boutons ou clous de laiton pour les deux côtés). »

D'autre part, il est dit que la Bible cédée par Jean Chou-

(1) Par le mot : *pipe*, on entendait le tuyau de métal auquel étaient attachés les signets, constitués par des rubans suivant la disposition encore employée pour les missels d'église.

(2) Bibl. Nationale, collection de Bourgogne, vol. LVIII, f° 26 ; imprimée par Bernard Prost : *Quelques acquisitions de manuscrits par les ducs de Bourgogne Philippe le Hardi et Jean sans Peur*, dans les *Archives Historiques, Artistiques et Littéraires*, t. II (Paris, 1890-1891, in-8°) p. 352.

(3) *Catalogue d'une partie des livres composant la bibliothèque des ducs de Bourgogne au* XV*e siècle* (2e édition, Dijon, 1841, in-8°), p. 35-36.

(1) Chevalier, *Mémoires historiques sur la ville... de Poligny* (Lons-le-Saulnier, 1767-1769), 2 vol. in-4°, t. II, p. 330. — Archives de la Côte-d'Or, B. 1504, B. 1509, B. 1520, B. 1525, B. 1526, B. 1532, B. 1538, B. 1543, B. 1862, etc. Voir l'*Inventaire sommaire* de ces Archives, t. I de la *série B*, p. 130 et suivantes.

(2) On sait que le siège de l'évêché de Bethléem avait été transféré, après la perte de la Terre-Sainte, dans le Nivernais, à Clamecy (Nièvre). Ce titre d'évêque de Bethléem fut souvent réservé, au XVe siècle, aux confesseurs des ducs de Bourgogne ; et ces confesseurs-évêques de Bethléem eurent plusieurs fois mission de s'occuper des livres faits pour les ducs (voir, par exemple : De Laborde, *Les ducs de Bourgogne*, t. I, p. 249 et 250, n°s 843, 850, 855 et 859).

L'ARBRE DE JESSÉ

(Miniature de la Bible française en deux volumes, des ducs de Bourgogne)

(N° 9001 et 9002 de la Bibl. royale de Bruxelles).

sat comprenait 558 feuillets. C'est exactement le nombre des feuillets de notre Bible de Bruxelles. On peut même ajouter que parmi tous les autres manuscrits de la bible française, qui ont été catalogués et décrits par M. Samuel Berger, il n'y en a pas un second qui compte ce même chiffre de 558 feuillets.

Ainsi l'historique du manuscrit 9024-9025 de la Bibliothèque royale de Bruxelles achève de s'éclaircir. On savait que ce manuscrit se trouvait déjà, en 1467, dans la bibliothèque des ducs de Bourgogne : nous pouvons maintenant ajouter qu'il était entré dans cette bibliothèque en 1415, par suite d'un achat fait par Jean sans Peur à son conseiller Jean Chousat, sur le désir de la duchesse.

Il ne reste plus qu'un point ignoré : de qui Jean Chousat tenait-il lui-même la Bible ? Était-ce lui qui l'avait fait exécuter, peut-être déjà avec l'arrière pensée de la proposer à la duchesse de Bourgogne ? La chose paraît très probable. En effet, dans les documents, il est question du prix que la Bible « cousta à faire », ce qui semble indiquer que Jean Chousat ne l'avait pas achetée de seconde main, mais l'avait eue directement d'un atelier de librairie où elle avait été exécutée.

Quel est maintenant cet atelier ? Sans vouloir trop préciser, on peut remarquer que dans les premières années du xve siècle, à cette époque où les ducs de Bourgogne et d'Orléans se disputèrent avec tant de violence le gouvernement du royaume de France, Jean sans Peur a beaucoup habité Paris. Ses principaux officiers, dont Jean Chousat faisait partie, l'y suivaient. Des documents d'archives, dont nous reparlerons ailleurs, nous montrent même formellement Jean Chousat, quand il était receveur général du duc, payant des travaux exécutés pour son maître par des artistes qui travaillaient à Paris. Si l'on ajoute que le manuscrit 9024-9025 de Bruxelles présente, comme nous l'avons noté, tous les caractères des beaux livres certainement parisiens de la même époque, il ne semblera pas téméraire de dire que la Bible 9024-9025 n'a pas dû être copiée et peinte ailleurs que dans la capitale de France. En tout cas, il est une question qui ne fait pas de doute, c'est celle de la date approximative. La Bible était « toute neuve » quand elle fut achetée par Jean sans Peur. Nous pouvons donc considérer les miniatures qui l'illustrent et particulièrement l'Arbre de Jessé, signalé par M. de Laborde et reproduit dans notre travail, comme des œuvres dont l'exécution est certainement antérieure au mois d'août 1415, mais sans remonter d'autre part à une époque beaucoup éloignée de ce terme.

Passons, maintenant, à la seconde des bibles françaises de l'ancienne Bibliothèque de Bourgogne, jadis admirées par le marquis de Laborde : celle qui porte aujourd'hui, à Bruxelles, les n°s 9001 et 9002.

Contrairement à ce que nous avons noté pour la Bible achetée à Jean Chousat, cette seconde Bible a toujours formé deux volumes, aussi bien à l'origine qu'aujourd'hui. Le tome Ier compte 440 feuillets (1) ; le tome II, 382. Les feuillets sont d'un format plus grand encore que dans les manuscrits n°s 9024-9025, mesurant 460 millimètres de haut sur 325 de large. Cette différence tient d'ailleurs, en partie au moins, à une question de reliure. Tandis que les n°s 9024 et 9025, ayant été reliés à nouveau à une époque moderne, ont été rognés, les deux volumes n°s 9001 et 9002 ont conservé leurs tranches intactes, sous une ancienne couverture de velours violet. Ces tranches, suivant une mode assez souvent usitée au xve siècle pour les livres de très grand luxe, sont peintes en or et en couleurs, montrant, au milieu de rinceaux d'ornements, l'inscription plusieurs fois répétée de : IHESUS NAZARENUS REX JUDEORUM.

Le texte, qui est celui de la Bible historiale, accompagné de *moralités*, est écrit sur deux colonnes, d'une belle écriture ronde, très lisible, dont on peut voir le spécimen sur celle de nos planches consacrée à ce manuscrit (1). Dans le tome Ier (9001), le second feuillet s'ouvre par les mots : « humilité et la cité » ; tandis que le dernier commence par : « O tu Iherusalem », et se termine par : « tout esperit le doibt loer ». Dans le tome II (9002), les premiers mots du second feuillet, après la table, sont : « Nous trouverons grans richesses » ; et ceux du commencement et de la fin du dernier feuillet : « qui est en soulleurs. . . . . . parduráblement ».

On trouve dans l'un et l'autre volume de nombreuses traces de notes pour l'enlumineur (2), dont quelques-unes restées même intactes. Par exemple, au livre de Job : « Job assis sur 1 fumier, et sa femme à costé lui et 1 ancien homme qui lui parle ». — « Job assis et tout nu et 1 ancien homme qui parle à lui ». Aux Épitres : « St Pol qui escript, et 1 messager qui presente lettres à 1 saint homme en une ville ». A l'Apocalypse : « Une aigle qui resgarde VII anges qui sont placés en coustez darriere, et gens qui sont sus une mer de verre [ou : vouerre] qui tiennent livres et en quoy ilz chantent ». — « Une beste en maniere de lieupart qui a la bouche de lion et les piés d'ours et a VII testes et dix cornes et sus chascune corne une [couronne], et sains Jehan qui est en forme d'aigle. » (3)

Parfois, particularité beaucoup plus rare, mais dont il y a cependant des exemples ailleurs, au lieu d'indiquer par écrit aux enlumineurs ce qu'ils avaient à peindre, on avait tracé légèrement sur la marge, en quelques traits de plume, l'esquisse des miniatures. Ces esquisses étaient destinées à être enlevées après coup par un grattage, qui a été en effet effectué, comme le prouvent des traces très visibles, sur un certain nombre de feuillets. Mais, pour notre instruction, deux ou trois de ces esquisses ont été oubliées, par exemple vers la fin du tome II, f°s 378 et 379, et l'on peut constater par elles que, dans l'exécution des miniatures définitives, on suivait exactement les grandes lignes données à l'avance pour la composition.

(1) Sur ce chiffre de feuillets, voir : S. Berger, *La Bible française*, p. 421.

(1) Cette écriture ressemble à celle de Raoul Tainguy, le calligraphe émérite qui est en même temps une figure si originale des premières années du xve siècle.

(2) Sur les *Notes pour l'Enlumineur*, voir le travail que j'ai publié, en collaboration avec M. Samuel Berger, dans les *Mémoires de la Société Nationale des Antiquaires de France*, t. LIII [1893].

(3) Sur ces dernières notes, cf. Samuel Berger, *La Bible française*, p. 288.

La partie purement ornementale est traitée, dans les deux volumes, avec une grande somptuosité. Elle ressemble beaucoup à ce qu'on voit dans la Bible achetée à Jean Chousat. Les bordures, comme les grandes lettrines décorées, sont encore dans le style de la fin du XIVe siècle, avec des espèces de dragons ailés se jouant au milieu des rinceaux à feuilles de houx. L'or et l'azur sont prodigués jusque dans les titres courants, au haut des feuillets.

L'illustration proprement dite est aussi très riche et même, comme nous le mettrons un peu plus bas mieux en évidence, exceptionnellement remarquable par son abondance. Le nombre total des miniatures ne s'élève pas à moins de 181, dont 108 pour le tome Ier et 73 pour le tome II. Sur ces miniatures il y en a six grandes, non pas absolument d'égale valeur, mais toutes cependant très belles. Deux de ces grandes miniatures sont au tome Ier (n° 9001). L'une, en tête de la Genèse (f° 19^b), est divisée en 6 compartiments, reproduisant exactement, avec une disposition identique pour chacun d'eux, le même ensemble de sujets que le tableau similaire placé en tête de la Bible achetée à Jean Chousat (n° 9024 de Bruxelles), dont nous avons donné précédemment la description, et que l'on peut voir gravé au Catalogue de Marchal. La deuxième grande miniature, au f° 121 du volume, représente, sur un fond de rinceaux d'or, l'image du Tabernacle avec les douze Tribus alentour. Cette page montre, à travers une certaine inexpérience qui semble trahir un talent non encore arrivé à tout son développement, un sentiment déjà très frappant de l'art de la composition.

Les quatre autres grandes miniatures se trouvent au tome II. Trois d'entre elles sont partagées chacune en 4 compartiments, qui représentent : Pour la première miniature, en tête des Paraboles ou Proverbes (f° 3^b) : les scènes historiques ou légendaires relatives à Salomon et aux marques de sa sagesse. Pour la seconde, au début du livre d'Isaïe (f° 61) : 1° un combat ; 2° l'assaut et la prise d'une ville ; 3° un prophète (?) écrivant ; 4° la captivité des Juifs sur les bords des fleuves de Babylone. Enfin, pour la troisième qui ouvre les Macchabées (f° 188) : 1° la mort d'Alexandre ; 2° l'adoration des Idoles ; 3° le pillage du Temple ; 4° une bataille. La quatrième grande miniature est notre arbre de Jessé, le chef-d'œuvre du volume, d'une délicieuse harmonie de tons, avec sa Vierge drapée dans sa robe bleue et les douze rois musiciens habillés de vêtements bleus à parements rouges ou jaunes, roses à parements jaunes ou bleus, jaunes à parements bleus, ou gris à parements jaunes.

Les 175 autres miniatures sont de moindres dimensions, placées chacune dans une des colonnes de texte, dont elles ont la largeur.

De même que dans la Bible acquise de Jean Chousat, les miniatures trahissent différentes mains, de talents inégaux. Les six grandes peintures, sans être, je le répète, toutes également aussi bien réussies, sont l'œuvre d'un seul et même artiste, d'un talent véritablement remarquable et qui mérite de compter parmi les meilleurs maîtres dans l'art de l'enluminure. Le même artiste a peint aussi un certain nombre de petites miniatures, notamment celles qui se trouvent vers le commencement de la Genèse. Mais, dans celles-ci, il lui arrive souvent de se négliger. Les autres miniatures dénotent deux, ou même trois collaborateurs, moins forts que l'artiste chargé de la partie principale, sans que cependant aucune miniature, dans ce volume, tombe au niveau de vulgarité que nous avons signalé pour une portion des images secondaires de la Bible de Jean Chousat.

Par leur style comme par les détails du costume, comme aussi par certaines particularités de technique, tel que l'emploi encore prédominant des fonds simplement ornementaux, en or ou en couleurs, toutes ces miniatures nous reportent à peu près à la même époque que la Bible de Jean Chousat, c'est-à-dire aux quinze ou vingt premières années du XVe siècle. L'aspect d'ensemble des deux volumes de la Bible, au point de vue matériel, est bien aussi celui des plus beaux produits de la librairie française et surtout parisienne à cette même date.

Une particularité qui doit nous arrêter, c'est que dans ces deux exemplaires de Bibles françaises, la Bible acquise de Jean Chousat et la Bible qui forme les n°s 9001 et 9002 de Bruxelles, les trois miniatures principales, celle de la Genèse, celle des Paraboles de Salomon, et enfin l'Arbre de Jessé, sont disposées d'une manière tout à fait semblable. On serait ainsi porté à croire que, d'un manuscrit à l'autre, ces images ont été copiées les unes sur les autres. Il faut se rappeler, il est vrai, que pour certains manuscrits d'un même type souvent reproduits pour être répandus dans le public, ce qui est le cas spécialement pour les Bibles françaises, il s'était formé dans les ateliers de librairie parisiens des traditions, ramenant en quelque sorte mécaniquement les mêmes sujets pour les mêmes endroits du livre. Suivant l'heureuse expression de M. Samuel Berger (1), il y avait « une *vulgate* pour les miniatures de la Bible comme pour son texte. » Il pourrait donc n'y avoir qu'une simple similitude. Toutefois, dans les deux exemplaires de Bruxelles, les relations apparaissent bien étroites pour les grandes images en question. A la rigueur, on admettrait encore une rencontre fortuite en ce qui touche la miniature à quatre sujets, consacrée à Salomon, en tête des Paraboles et l'Arbre de Jessé. Ces compositions se retrouvent dans plusieurs autres manuscrits de Bible française et rentrent ainsi dans le courant de l'iconographie traditionnelle. Mais la répétition de la peinture en 6 compartiments placée en tête de la Genèse, et où l'on voit la figure de la Sagesse divine, avec la Trinité et l'histoire de la chute des Anges, est très particulière aux deux exemplaires de Bruxelles, et permet de supposer un cas réel d'imitation.

Quant à dire où est le prototype et où est l'imitation ? la question est bien délicate. Ce que l'on peut énoncer, c'est que dans son ensemble la Bible acquise de Jean Chousat a peut-être un aspect un peu plus archaïque ; mais il serait, je crois, dangereux de tirer de cette remarque une conclusion trop formelle.

Dans tous les cas, un fait ressort avec évidence lorsque l'on étudie soigneusement, l'un en face de l'autre, les deux exemplaires de Bruxelles, c'est que, si les deux manuscrits se ressemblent beaucoup et sont d'une époque très voisine, ils ont cependant été peints par deux groupes différents d'exécutants. Les miniaturistes qui ont travaillé

(1) *La Bible française*, p. 291.

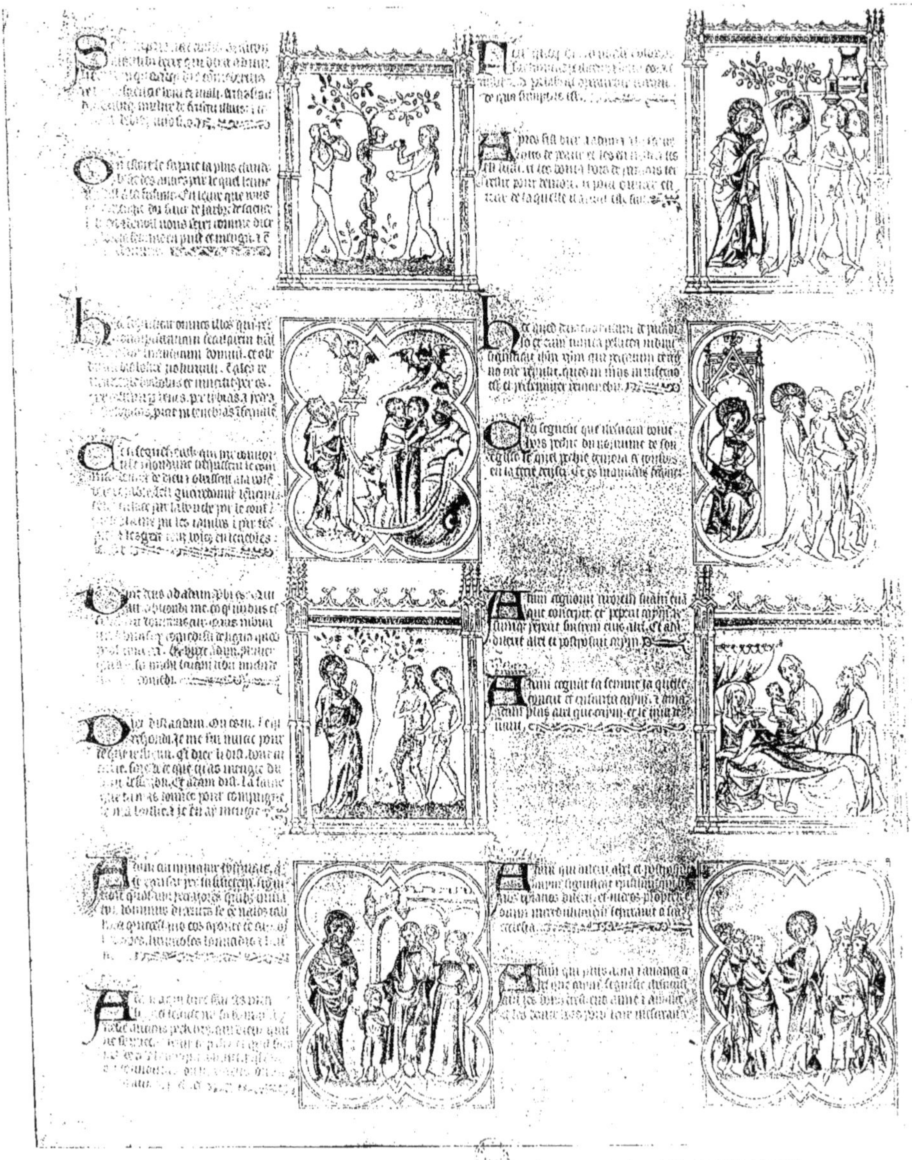

PAGE DE « LA BELLE BIBLE HISTORIÉE DU DUC DE BOURGOGNE »
(Bibl. Nationale, Ms. français 167, folio 3, verso. — Légère réduction)

à la Bible acquise de Jean Chousat en 1415 ne sont certainement pas les mêmes que ceux qui ont illustré les deux volumes nos 9001 et 9002 de Bruxelles. Ces derniers et surtout leur chef, l'auteur des grandes miniatures, l'emportent sur leurs émules pour la correction du dessin et la science de la composition, la finesse de la touche et l'harmonie de la couleur.

La Bible nos 9001 et 9002 de Bruxelles mérite donc le rang à part que lui assignait déjà le marquis de Laborde, pour la beauté de quelques-unes de ses peintures. Il convient d'insister encore sur un autre élément de somptuosité qui s'y rencontre : la véritable prodigalité avec laquelle on y a multiplié les images. A cet égard, nous pouvons invoquer un argument d'ordre matériel mais qui a son éloquence, c'est le témoignage de la statistique. Que l'on prenne toute la série des manuscrits de Bibles françaises qui sont actuellement connus comme ayant été exécutés pendant un siècle, de 1350 à 1450 : si l'on excepte deux exemplaires tout à fait hors ligne, la Bible offerte à Charles V par Jean de Vaudetar en 1372, ornée de 263 miniatures (1) et une Bible en deux volumes ayant d'abord appartenu au roi de France, puis donnée par Charles VI en 1403 au duc de Berry, dont le tome Ier comporte à lui seul 338 illustrations (2), si l'on excepte, dis-je, ces deux exemplaires royaux, il se trouve que la Bible nos 9001 et 9002 de Bruxelles est celle qui contient le plus grand nombre d'images. Le total des miniatures s'y élève, en effet, avons-nous dit, à 181, un tiers en plus que dans la Bible achetée à Jean Chousat. Or, avec les trois manuscrits de Bible française de l'époque indiquée (3) qui viennent immédiatement après la nôtre à cet égard, on tombe déjà à 153 miniatures (Mss. français 3 et 4 de la Bibliothèque Nationale), 146 miniatures (Bible écrite en 1412 par un chanoine de l'abbaye de Clairefontaine, Musée Britannique, Royal Mss. 19 D (II) et 139 miniatures (Bible aux armes d'Angleterre, Musée Britannique, Addit. Mss. nos 18856 et 18857).

On peut faire encore une comparaison édifiante avec les Bibles françaises du duc de Berry. Certes, si un prince a jamais poussé loin l'amour des beaux livres, c'est bien cet illustre frère de Charles V. Or, les Bibles françaises du duc de Berry qui subsistent encore complètes, ne donnent respectivement (4), comme chiffres d'images, que les totaux suivants : 137 (nos 5057 et 5058 de l'Arsenal), 107 (Ms. français 159 de la Bibl. Nat.), 102 (nos 4381 et 4382 du fonds Harleien, au Musée Britannique), 80 (Ms. français 20090), et 69 (Bible du comte d'Ashburnham).

Les deux volumes de cette seconde Bible de Bruxelles, d'une si riche illustration, proviennent également de l'ancienne bibliothèque des ducs de Bourgogne. Ils se trouvaient déjà dans cette bibliothèque, à l'époque où Charles le Téméraire succéda à son père Philippe le Bon. On les voit mentionnés, comme la Bible de Jean Chousat, dans les inventaires dressés à Bruges, à l'avènement de Charles le Téméraire, vers 1467, et à Bruxelles en 1487, et qui ont été publiés par Barrois. Ils sont ainsi catalogués dans ces inventaires.

Pour le tome Ier (no 9001) :

« Une autre grant Bible en parchemin couverte de satin figuré noir, à cloutz dorés, intitulé : *C'est le premier volume de la Bible ;* comançant au second feullet, *Humilité et la Cité* [mal lu par Barrois : Carbité], et au dernier feullet, *O tu Jherusalem* » (Inventaire de Bruges, vers 1467. — Barrois, p. 124, no 711 ; et p. 173, no 1157).

« Ung grant volume en franchois, couvert de satin noir figuré, et cloué d'un fermaus d'argent doré, à tout le nom de Jhesus, et à tout groz boutons d'arain doré, intitulé : *Le premier volume de la Bible ;* comenchant le second feuillet d'icellui, *Humilité et la Cité* [également mal lu : Carité] et le derrain finissant ainsy : *tout esperit le doibt loer ;* l'autre cloant est perdu ; et à tout ung cappiteau d'argent doré, portant en escripture le nom de Jhesus. » (Inventaire de Bruxelles, en 1487. — Barrois, p. 233, no 1635).

Pour le tome II (no 9002) :

« Ung autre grant livre en parchemin, couvert de satin figuré noir, à grans clous, intitulé au dehors : *C'est le second volume de la Bible ;* comançant au second feuillet après la table : *Nous trouverons*, et au derniee : *qui est en soulleures.* » (Inventaire de Bruges, 1467. — Barrois, p. 125, no 722 ; et p. 215, no 1507.)

« Ung pareil volume [c'est à dire : Ung grant volume en franchois] à tout deux clouans d'argent doré, portans chacun le dit nom de Jhesus, et cappiteau aussy d'argent doré, sur lequel est escript par trois fois le nom de Jhesus, et à tout cincq boutons d'arain doré sur chacun des aiz des deux côtez, et couvert de satin noir figuré come dessus, et comenchant par le second feuillet : *Nous trouverons grans richesses*, et le dernier finissant : *pardurablement, Amen.* » (Inventaire de Bruxelles, en 1487. — Barrois, p. 233, no 1636.)

Nous nous retrouvons là en face d'un cas analogue à celui de la Bible achetée à Jean Chousat. Les deux volumes nos 9001 et 9002 de Bruxelles, présentant l'aspect de manuscrits datant des quinze ou vingt premières années du XVe siècle, l'inventaire dressé vers 1467 constitue un point de départ un peu trop récent ; il faudrait pouvoir remonter encore environ un demi-siècle plus haut. Ici, malheureusement, les documents directs applicables d'une manière indiscutable, comme les pièces comptables de 1415 pour l'achat fait à Jean Chousat, nous font défaut.

Il reste la ressource d'élargir la question et d'examiner dans l'ensemble tout ce qui touche aux différentes Bibles françaises qui ont pu être successivement possédées par les ducs de Bourgogne de la seconde race, depuis Philippe le Hardi jusqu'à Charles le Téméraire. Cette enquête rentre d'ailleurs dans le sujet de nos études. Alors même qu'elle devrait rester sans résultat pour le cas particulier des manuscrits 9001 et 9002 de Bruxelles, elle nous fera toujours passer en revue toute une série de beaux livres provenant de princes de la Maison royale de France.

(1) On sait que la Bible de Jean de Vaudetar est au Musée Meermann-Westreenen, à La Haye.

(2) Ce tome Ier forme le no 5212 de la Bibliothèque de l'Arsenal.

(3) J'insiste sur ce point que je ne parle ici que des Bibles françaises exécutées de 1350 à 1450. Je laisse de côté les manuscrits antérieurs à ces limites comme la Bible de Jean de Papeleu, datée de 1317 (no 5059 de l'Arsenal) ou postérieurs, tels que la Bible de la Bibliothèque universitaire d'Iéna.

(4) Bien entendu, je continue à mettre à part le manuscrit exceptionnel donné au duc de Berry par le roi en 1403, dont j'ai parlé un peu plus haut.

Les éléments dont nous pouvons user dans nos recherches sont de deux catégories : les pièces d'archives et les inventaires. Les pièces d'archives, d'une manière générale, sont fournies par le splendide dépôt de la Côte-d'Or à Dijon : la plupart d'entre elles ont été signalées, sinon même publiées plus ou moins complètement par Peignot (1), par M. Bernard Prost (2), Mgr Dehaisnes (3) et M. A. de Champeaux (4). Cependant dans certains cas, principalement pour les pièces données par Peignot seul, on pouvait désirer une transcription plus rigoureusement exacte : nous nous attacherons ici à réaliser cette condition.

Quant aux inventaires, nous avons d'abord ceux de la librairie royale du Louvre ; puis ceux qui s'appliquent plus particulièrement à la bibliothèque des ducs de Bourgogne. Pour ces derniers, voici ceux qui, à l'heure présente, se trouvent à la portée des travailleurs :

A. Inventaire dressé à la mort du duc Philippe le Hardi, à Paris, au mois de mai 1404 (Publié très incomplètement par Barrois (5), déjà mieux par Peignot (6), et d'une manière infiniment meilleure par Mgr Dehaisnes) (7).

B. Inventaire dressé à la mort de la duchesse Marguerite de Flandre, veuve de Philippe le Hardi, commencé à Arras le 7 mai 1405 et qui complète le précédent (également très bien publié par Mgr Dehaisnes (8) dont l'édition doit faire oublier celles antérieures de Peignot et de Barrois) (9).

C. Inventaire dressé à Dijon en 1420, après la mort de Jean sans Peur (Cet inventaire, encore inédit dans son ensemble, est conservé à la Bibliothèque nationale, collection des 500 Colbert, vol. 127).

D. Inventaire dressé à la mort de la duchesse Marguerite de Bavière, veuve de Jean sans Peur, morte en 1423, commencé à Dijon le 25 janvier 1424 (1423, vieux style). Cet inventaire est, sur certains points, comme un supplément au précédent (fort inexactement donné par Barrois et mieux par Peignot) (10).

E. Grands inventaires des livres de la bibliothèque des ducs de Bourgogne *conservés en Flandre*, inventaires dressés soit après l'avènement de Charles le Téméraire, vers 1467, soit en 1485 et 1487. Ce sont les inventaires publiés par Barrois (11), dont nous avons déjà utilisé plusieurs extraits. Au point de vue spécial de ce travail, ces divers inventaires de Flandre peuvent être, sans inconvénient, classés sous la même rubrique.

(1) *Catalogue d'une partie des livres composant la Bibliothèque des Ducs de Bourgogne au XVe siècle*, 2e édition, Dijon, 1841, in-8°.

(2) *Quelques acquisitions de manuscrits par les Ducs de Bourgogne, Philippe le Hardi et Jean-sans-Peur*, dans les *Archives Historiques, Artistiques et Littéraires*, t. II [1890-1891], p. 337-353.

(3) *Documents et extraits divers concernant l'histoire de l'art dans la Flandre, l'Artois et le Hainaut avant le XVe siècle*, Lille, 1886, in-4°.

(4) *Les travaux d'art exécutés pour Jean de France, duc de Berry*. Paris, 1894, gr. in-4°.

(5) *Bibliothèque protypographique*, p. 105-109.

(6) *Catalogue d'une partie des livres composant la Bibliothèque des ducs de Bourgogne*, p. 41-57.

(7) *Documents... concernant l'histoire de l'art*, p. 825-854.

(8) *Documents*, p. 855-920.

(9) Peignot *op. cit.* p. 57-76 ; Barrois, p. 110-113 (très incomplet).

(10) Barrois, p. 114-116 ; Peignot, p. 76-85.

(11) Barrois, p. 123 et suiv.

F. Inventaire des livres de la bibliothèque des ducs de Bourgogne *restés à Dijon*, et qui y furent saisis par un agent de Louis XI, après la mort de Charles le Téméraire en 1477, commencé à Dijon le 16 mars de cette année 1477 (publié par Barrois et par Peignot) (1).

En combinant ensemble ces divers éléments, et en rapprochant les renseignements d'époques différentes qui se réfèrent à un même manuscrit, nous pouvons arriver à dresser le tableau suivant, que nous présenterons par ordre chronologique, d'après la date du document qui nous fournit la plus ancienne mention concernant chacune de ces bibles françaises des ducs de Bourgogne.

La nature et l'âge des pièces authentiques qui nous serviront successivement de points de départ se prête, d'une façon naturelle, à une division de notre enquête en sept sections.

PREMIÈRE SECTION

Renseignements fournis par les inventaires de la librairie du Louvre au XIVe siècle.

I

En tête de notre série, par rang d'ancienneté, se place une « Bible françoise » qui faisait partie d'abord de la bibliothèque ou librairie des rois de France au Louvre, et que Charles VI, l'année après son avènement, le 14 octobre 1381, donna à « Madame de Bourgogne » (Delisle, *Le Cabinet des manuscrits*, t. III, p. 116, catalogue de la librairie du Louvre n° 22.)

La brièveté de cette indication ne permet pas de tenter d'identifier ce manuscrit. Il est très probable qu'il s'agit d'une des Bibles que nous citerons plus bas sous les nos V et VI, comme trouvées en 1405 dans l'héritage de la même duchesse de Bourgogne. Ce pourrait être aussi le manuscrit décrit plus bas sous le n° X et mentionné dans les documents plus récents, qui a été achevé de copier dès 1355 et, par conséquent, qui peut avoir fait l'objet d'un don du roi en 1381.

DEUXIÈME SECTION

Renseignements fournis par des pièces des Archives de la Côte-d'Or, de 1400 à 1404.

II

Au commencement de l'année 1400, le duc de Bourgogne, Philippe le Hardi, acheta d'un négociant d'origine italienne, fixé à Paris, Jacques Raponde, qui lui fournit à diverses reprises d'importants manuscrits pour sa bibliothèque, une « belle Bible » en français, écrite de lettres de forme, très bien illustrée ou « historiée », armoriée aux armes du duc, couverte de drap cramoisi et garnie de gros fermoirs d'argent doré. Cette Bible coûta le prix relativement élevé de 600 écus, qui furent soldés à Jacques Raponde en vertu d'un mandement du duc de Bourgogne, donné à Conflans près Paris le 14 avril 1399 *avant Pâques*, c'est-à-dire en réalité le 14 avril 1400, nouveau style.

Ces faits résultent d'un passage d'un compte de Jean Despoulettes, receveur général du duc, qui a été cité en

(1) Barrois (très incomplet), p. 117-119 ; Peignot, p. 85-98.

PAGE DE « LA BELLE BIBLE HISTORIÉE DU DUC DE BOURGOGNE »

(Bibl. Nationale, Ms. français 167, folio 10. — Légère réduction)

abrégé par Peignot (1) et par Mgr Dehaisnes (2) et dont nous donnerons le texte intégral :

A Jaques Raponde, marchant demourant à Paris, auquel estoit deu par mon dit seigneur [le duc de Bourgogne], la somme de vj escus d'or, pour une belle Bible, escript en françois, de lettre de forme, très bien hystoriée dedens et dehors, armoiée aux armes du dit s., couverte de draps cramoisy et garnie de gros fermaulx d'argent dorez; laquelle Bible le dit s. fist achetter et prendre de lui pour la ditte somme de vj escus, et ycelle retenne devers lui, si qu'il appert plus à plain par les lettres de mandement du dit s. sur ce faittes, données à Conflans-lez-Paris le XIIIe jour d'avril avant Pasques, l'an mil CCC IIIIxx et XIX, cy rendus à court avec quittance : vj escus. » (Archives de la Côte-d'Or à Dijon, B. 1517, f° 240).

Il convient de nous demander si cette Bible, achetée à Jacques Raponde en 1400, ne serait pas par hasard celle dont nous cherchons à retrouver la trace ? Deux raisons nous semblent s'opposer à ce qu'on adopte cette hypothèse. D'abord notre Bible nos 9001 et 9002 de Bruxelles a formé, dès l'origine, deux volumes, et la pièce de compte de 1400 paraît bien ne se référer qu'à un exemplaire en un seul tome. D'autre part, d'après leur aspect général, il est difficile de voir dans les deux volumes de Bruxelles un manuscrit qui était entièrement terminé et même déjà relié avant le 14 avril 1400, c'est-à-dire qui avait forcément été exécuté encore dans le XIVe siècle. Nous serions plutôt tenté de croire que cette Bible acquise de Jacques Raponde est celle mentionnée plus loin, sous notre no XI, comme existant dans la bibliothèque des ducs de Bourgogne en 1420, et dont le sort actuel n'est pas connu.

Au commencement de l'année qui suivit celle de l'acquisition de la Bible à Jacques Raponde, en février 1401, Richart le Conte qui cumulait, d'une façon assez singulière, les doubles fonctions de « premier barbier et garde des livres de Monseigneur le Duc de Bourgogne », s'occupa de faire relier quelques volumes appartenant à son maître. A cette occasion il lui fut délivré par Dine ou Digne Raponde (Dino Rapondi), frère ou parent de Jacques, également « marchant » italien, établi à Paris, « deux draps de soye et autant de sandal » (espèce de taffetas). La livraison de ces draps fut faite en vertu d'une cédule de Jean Frepier, receveur général des finances du duc, du 19 février 1401, nouveau style (1400, vieux style) : et Richart le Conte en donna décharge le surlendemain (3).

Parmi ces livres du duc de Bourgogne sont nommées : « la Bible en françoiz » et « la Bible ystoriée », qui vont nous donner deux nouveaux articles.

III

« La Bible en françoiz. »

Ce renseignement est trop sommaire pour qu'on puisse en tirer conclusion.

IV

« La Bible ystoriée. »

Ici se pose d'abord une question très délicate de terminologie à préciser. Lorsqu'une Bible est ornée d'*histoires* ou miniatures, elle peut être dite « historiée », et généralement cet adjectif est précédé d'un adverbe ou d'un pronom qualificatif : « Une Bible, bien, richement, toute historiée ». Mais l'expression de « Bible historiée » a aussi, dans certains cas, un sens plus précis : c'est lorsqu'elle est, comme ici, employée seule, formant une sorte de titre indivisible, les deux mots étant immédiatement liés l'un à l'autre. « Bible historiée » veut dire alors non plus une Bible *ornée* d'images, mais, ce qui est différent, une Bible *en* images, d'un type particulier, que M. Delisle a parfaitement fait connaître (1). Ce type de manuscrit s'appelle aussi Bible moralisée, Bible allégorisée ou encore Emblèmes bibliques. La « Bible moralisée », ou « Bible historiée » au sens étroit et spécial du terme, sort du cadre d'une Bible ordinaire. Ce n'est pas seulement une suite des différents livres plus ou moins paraphrasés et expliqués de l'Ancien et du Nouveau Testament. C'est en même temps un commentaire historique, et surtout moral et allégorique, à la fois par la plume et par l'image, du contenu de ces livres saints.

Le fond de la « Bible historiée » ou moralisée, en ce qui concerne le texte, ne se compose guère que de versets littéralement empruntés à l'Ancien et au Nouveau Testament, que l'auteur s'est rarement donné la peine de chercher à relier les uns aux autres. « Chacun des passages de l'Écriture, ajoute M. Delisle, dont nous résumons la description, est suivi d'une courte réflexion qui a pour objet soit d'en rapprocher un autre détail de l'histoire sainte ou de l'histoire évangélique, soit d'en tirer une règle de la morale chrétienne. Les rapprochements, parfois très subtils, ont été inspirés par la vogue dont les explications allégoriques jouirent pendant tout le Moyen-âge et par la prétention de voir à chaque ligne de l'Ancien Testament une figure applicable à tel ou tel verset du Nouveau. »

Ce parallèle établi par le texte est simultanément rendu plus sensible encore par des illustrations, constituant de leur côté une seconde partie essentielle de la « Bible historiée » ou « Bible moralisée. » Dans les exemplaires traités suivant toute l'ampleur du programme, il y a une image pour chaque paragraphe, ce qui en fait monter le total à plusieurs milliers. De même que les alinéas du texte, en regard desquels elles sont placées, les images s'appliquent alternativement à un passage de l'Écriture, puis à l'idée historique, morale ou allégorique que l'on évoque comme paraissant avoir un rapport avec ce passage des Livres Saints.

La décharge de Richard Le Conte, en mettant en opposition « la Bible ystoriée » avec « la Bible en françoiz », indique clairement qu'il s'agit d'un manuscrit de ce type

(1) *Catalogue d'une partie des livres ... des Ducs de Bourgogne*, p. 27.

(2) *Documents... concernant l'histoire de l'art*, p. 779.

(3) La décharge originale de Richart le Conte, du 21 février 1400 (vieux style) est aux Archives de la Côte-d'Or, B. 388 : — « Sachent tuit que je, Richart Le Conte, premier barbier et garde des livres de Mons. le Duc de Bourgogne certiffie et confesse avoir eu et receu de Digne Responde... deux draps de soye et autant de sandal pour covrir certains livres qui sont à mon dit seigneur, c'est assavoir, *la Bible ystoriée*, le livre étique, le livre ypolite, *la Bible en françoiz*, les chroniques de France, le livre de Titu Liveus. » — Le texte complet a été publié par M. B. Prost, dans les *Archives historiques*, t. II, p. 341.

(1) L. Delisle, *Livres d'images destinés à l'instruction religieuse et aux exercices de piété des laïques* [extrait de l'*Histoire littéraire de la France*, tome XXXI], p. 218 et suivantes.

spécial. On peut, du reste, suivre depuis lors jusqu'à nos jours, les destinées de cette « Bible historiée » dont le barbier-bibliothécaire était ainsi amené à s'occuper, pour une question de reliure, au mois de février 1401.

Trois ans plus tard, en effet, le duc Philippe le Hardi étant mort, sa « Bible historiée » se trouve citée parmi les livres qui furent inventoriés, après le décès du prince, à Paris, au mois de mai 1404 :

« Item, la Bible ystoriée fermant à deux fermouers d'argent dorés, armoiez aux armes de feu mondit seigneur. » (1)

Et nul doute que ce ne soit le même volume, car les livres de l'inventaire de 1404 sont précisément, porte le document, ceux « que maistre Richart Le Conte, barbier de feu mondit seigneur, a euz en garde. »

Nous voyons réapparaître cette Bible à la suite de la mort de Jean sans Peur, dans l'inventaire de 1420, avec cette légère modification matérielle que le nombre de fermoirs d'argent doré a été porté de deux à quatre.

« Item ung autre livre nommé la Bible historiée, escripte en parchemin, de lettre de forme, en françois et en latin, à IIII colonnes, historiée de blanc et de noir, et enluminé d'or et d'asur. En chacun fueillet : XVI histoires. Commençant ou IIe fueillet : *Et protulit :* et ou derrenier : *foris canes*. Couverte de cuir rouge marqueté, à quatre fermouers d'argent dorez hachiez. » (Inventaire de 1420, Ve Colbert, vol. 127, fo 150, art. 121.)

La Bible historiée continua à rester dans la bibliothèque du successeur de Jean sans Peur, le duc Philippe le Bon, tant que celui-ci vécut. Elle fut seulement reliée à nouveau, le cuir rouge ayant été remplacé par du satin figuré (2) noir. On la voit, en effet, ainsi cataloguée dans l'inventaire dressé, vers 1467, à l'avènement de Charles le Téméraire :

« Une autre Bible en parchemin couverte de satin figuré noir, et clouée de grands clouts dorés, où est un billet : *C'est la belle Bible historiée :* comançant au second feuillet : *Et protulit terra*, et au dernier feuillet : *foris canes venefici.* » (Inventaire de Bruges, vers 1467. — Barrois, p. 124, no 712 : et p. 173, no 1158.)

Après 1467, la Bible historiée disparaît des listes de la bibliothèque de Bourgogne. On en chercherait vainement la mention dans les inventaires de 1487 ou dans les catalogues postérieurs. C'est qu'en effet le manuscrit n'était pas resté à Charles le Téméraire. Il avait passé aux neveux du vieux duc Philippe le Bon, les fils de sa sœur, Agnès de Bourgogne, duchesse de Bourbon, et se trouvait ainsi devenu la propriété de la Maison de Bourbon. A M. Léopold Delisle revient le mérite d'avoir mis définitivement en lumière cette transmission du manuscrit (3). Le fait est attesté par le catalogue de la bibliothèque des ducs de Bourbon, où est enregistrée « la belle Bible du duc de Bourgogne ». Il est encore confirmé par la note suivante que le secrétaire du duc Pierre II de Bourbon, Robertet, inscrivit sur le manuscrit même, à la fin du volume.

« Ce livre de la Bible en latin et en françoys historiée fut au bon Duc Philippes de Bourgongne, deuxiesme de ce nom, et est à présent à son nepveu, filz de sa seur Agnès de Bourgongne, Pierre, aussi deuxiesme de ce nom, Duc de Bourbonnois et d'Auvergne, conte de Clermont en Beauvoisis, de Fourestz et La Marche et de Gien, vicomte de Carlat et de Murat, seigneur de Beaujeuloys et Bourbon-Lanceys et d'Annonay, per et chamberier de France, lieutenant et gouverneur de Languedoc.

(*Signé*) ROBERTET. »

Des derniers ducs de Bourbon, la Bible historiée du duc de Bourgogne, à la suite de la confiscation prononcée contre le connétable de Bourbon en 1523, arriva au roi de France. Entrée par cette voie dans la Bibliothèque royale, elle n'en est plus sortie, et elle forme aujourd'hui le manuscrit français 167 de la Bibliothèque nationale.

Le manuscrit français 167 est un volume d'un format analogue à l'in-folio, comptant 322 feuillets (y compris le feuillet de garde à la fin) de 420mm de haut sur 280mm de large. Il suffit de compléter sur certains points la description que nous avons empruntée à l'inventaire de 1420, pour avoir une exacte idée de la disposition de ce volume. Comme le dit l'article de l'inventaire, le manuscrit est « sur quatre colonnes ». Deux de ces colonnes sont consacrées au texte, alternativement « en françois et en latin » copié « de lettre de forme » d'une écriture très élégante, avec de grandes initiales décorées et des ornements enluminés « d'or et d'azur ». Les deux autres colonnes contiennent des « histoires » ou images. Celles-ci sont de forme rectangulaire et superposées les unes sur les autres à raison de quatre par colonnes, soit huit à la page, ou « seize par chaque feuillet ». Ces illustrations, comme le dit encore l'inventaire de 1420, sont « de blanc et de noir », c'est-à-dire consistent en simples dessins, tracés à l'encre et à peine ombrés d'une grisaille légère au lavis. Il y a toutefois quelques touches partielles de couleur, un peu de bleu dans le ciel, un peu de vert parfois dans les terrains, et des applications d'or pour certains détails, tels que les couronnes des rois, les nimbes des saints. Le nombre des tableaux ainsi traités s'élève au total de cinq mille cent vingt-quatre, le dernier feuillet du texte en comptant seulement quatre.

Ces dessins sont d'une exécution assez rapide, mais d'un très bon style. Quoiqu'ils présentent tous un grand caractère de ressemblance entre eux, il semble cependant qu'on puisse y reconnaître, d'un cahier à l'autre, au moins deux, sinon même trois mains différentes d'artistes, dont l'un se montre plus habile (1).

(1) Dehaisnes, *Documents... concernant l'histoire de l'art*, p. 851.

(2) C'est-à-dire avec des dessins ou figures dans la trame.

(3) *Livres d'images destinés à l'instruction religieuse et aux exercices de piété des laïques*, p. 249. Cf. *Le Cabinet des Manuscrits*, t. I, p. 69 et t. III, p. 340.

(1) On pourra trouver une description plus détaillée de ce volume dans un travail de Camus, membre de l'Institut, publié en l'an IX [1800] dans les *Notices et extraits des manuscrits de la Bibliothèque nationale*, t. VI, p. 106 et suivantes. Le mémoire de Camus porte à la fois sur le ms. français 167 et sur le ms. français 166 dont nous aurons occasion de parler longuement plus loin. Ce travail est remarquable, surtout étant donnée sa date de publication. Camus s'est souvent trompé, et a fait des rapprochements forcés, par exemple en comparant les dessins ombrés du ms. français 167 avec les grisailles des *Conquêtes de Charlemagne* (manuscrit de Bruxelles que l'on sait maintenant avoir été pein-

PARTIE DE PAGE DE « LA BELLE BIBLE HISTORIÉE DU DUC DE BOURGOGNE »

(Bibl. Nationale, Ms. français 167, f° 11. — Grandeur réelle)

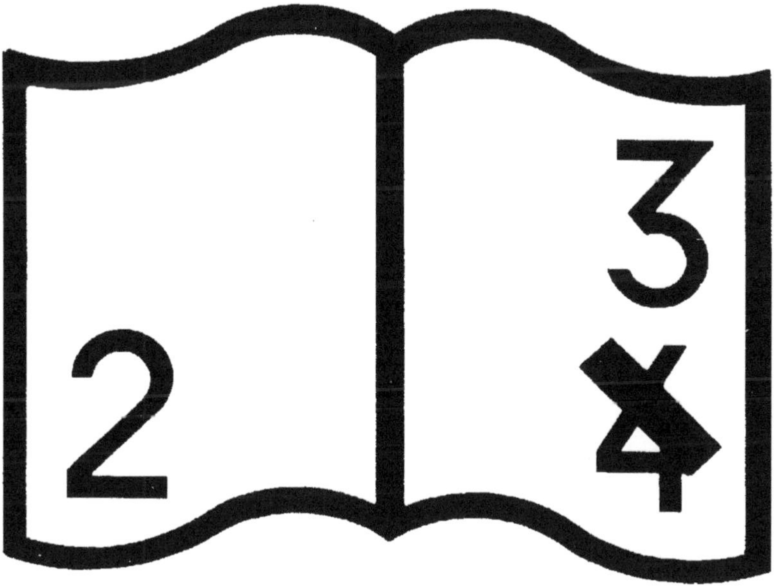

Pagination incorrecte — date incorrecte

NF Z 43-120-12

comme le dit encore l'inventaire de 1420, sont « de blanc et de noir », c'est-à-dire consistent en simples dessins, tracés à l'encre et à peine ombrés d'une grisaille légère au lavis. Il y a toutefois quelques touches partielles de couleur, un peu de bleu dans le ciel, un peu de vert parfois dans les terrains, et des applications d'or pour certains détails, tels que les couronnes des rois, les nimbes des saints. Le nombre des tableaux ainsi traités s'élève au total de cinq mille cent vingt-quatre, le dernier feuillet du texte en comptant seulement quatre.

Ces dessins sont d'une exécution assez rapide, mais d'un très bon style. Quoiqu'ils présentent tous un grand caractère de ressemblance entre eux, il semble cependant qu'on puisse y reconnaître, d'un cahier à l'autre, au moins deux, sinon même trois mains différentes d'artistes, dont l'un se montre plus habile (1).

Par l'écriture comme par les illustrations, la « Bible historiée » du Duc de Bourgogne rappelle encore le XIVe siècle. M. Paulin Pâris la considérait même comme étant du milieu de ce siècle (2). Cela parait être un peu trop tôt. Ce qui est certain, c'est que, dans leurs traits caractéristiques, les images sont très analogues à celles que l'on voit dans beaucoup de manuscrits exécutés sous le règne de Charles V. On pourrait toutefois faire descendre la date du volume jusqu'à la fin du XIVe siècle, et même jusqu'au début du XVe, car plusieurs des artistes, enlumineurs ou calligraphes qui étaient en vogue du temps de Charles V, continuèrent à travailler pendant la première moitié du règne de son successeur, en restant toujours fidèles aux anciennes traditions. Mais les documents nous fournissent une limite que l'on ne saurait plus, en tous cas, franchir : c'est cette date du mois de février 1401 où la présence de la « Bible historiée » parmi les livres du duc de Bourgogne est déjà formellement établie par la décharge de Richart le Conte.

Un an après le moment où Richart le Conte donna sa décharge, presque jour pour jour, se produisait un fait qui offre à notre point de vue un grand intérêt. Le duc de Bourgogne, Philippe-le-Hardi, s'était montré toujours ardent bibliophile. En 1402, il avait atteint la soixantaine et sa mort devait survenir deux ans plus tard : mais l'âge n'avait pas refroidi son amour pour les livres de luxe. Il venait de faire commencer une « très belle et notable » bible ; il restait à achever cette bible et surtout à y ajouter les illustrations. A cet effet, le duc de Bourgogne, par lettres données à Paris le 9 février 1402 (1401 vieux style), prit à son service deux enlumineurs nommés Polequin et Jehannequin Manuel. Le contrat passé avec ces artistes fut entouré de précautions toutes particulières. Le duc se réservait en quelque sorte le monopole du talent des deux enlumineurs, qui ne pouvaient désormais se louer à aucune autre personne que le duc, mais devaient s'appliquer et « besongner » seulement au travail de la bible, pour qu'il fut « fait et parfait » le mieux et le plus vite possible. Cet engagement était conclu pour quatre ans, ce qui conduisait jusqu'en 1406 (1405 vieux style). Pour prix de leur travail et pour leur entretien, Polequin et Jehannequin Manuel devaient recevoir des gages fixes de vingt sous parisis, soit dix sous par tête, pour chaque jour « ouvrable et non ouvrable ». Le duc voulut en outre que l'exécution du marché fut surveillé, et il délégua à cet effet un des intimes de sa maison, son « physicien » ou médecin maître Jean Durant.

Dès le 6 mars 1402 (1401 vieux style), le duc ordonnait par mandement de payer au susdit Jean Durant une somme de 600 francs pour l'employer à faire écrire et achever la bible, comme aussi pour payer les gages stipulés de 20 sous par jour aux deux enlumineurs. Tous les détails qui précèdent ressortent de l'extrait suivant des comptes du duc.

« A Polequin Manuel et Jehannequin Manuel, enlumineurs, lesquelz mondit S^r [le duc de Bourgogne] par ses lettres données à Paris le IXe jour de février mil cccc et ung . .... eust retenuz pour parfaire les histoires d'une très belle et notable bible que avoit nagaires fait encommencier le dit S^r, et que pour l'accomplissement d'icelles et des ystoires que y devront estre faictes, iceulx Polequin et Jehannequin ne se povoient louer à autre que à mondit S^r, mais entendre et besongner seulement en l'ouvraige d'icelle, icellui S^r désirant acertes ledit ouvraige estre fait et parfait le mieulx et si brief que faire se pourroit, ordena et tauxa que aus dessusdiz Polequin et Jehannequin, tant pour leur peine et vivre, come pour avoir leurs autres necessitez, la some de XX s. parisis pour chacun jour ouvrable et non ouvrable, jusques à quatre ans prouchains ensuivant IIII^c et cinq, c'est assavoir pour chacun d'iceulx Polequin et Jehannequin X. s. p. pour chacun jour, durans lesdiz quatre ans, si comme tout ce puet plus à plain apparoir par la ditte copie [des lettres du duc]. Pour laquelle Bible faire et historier a esté paié, baillié et délivré par ledit commis, de commandement et ordonnance de mondit S^r, à maistre Jehan Durant, son phisicien, la somme de VI^c. fr. pour iceulx emploïer ès escriptures et perfection d'icelle Bible et aussi ès gaiges desdiz Polequin et Jehannequin desdix XX s. parisis par jour, par vertu d'un mandement de mondit S^r, donné à Paris le VIe jour de Mars l'an mil IIII c. et I. (Archives de la Côte-d'Or, à Dijon, B. 1526 f° 298 *b*.) (1).

Le document dont on vient de lire le texte n'est pas seulement intéressant en ce qui concerne notre étude particulière, il est très vraisemblablement d'une haute importance pour toute l'histoire de l'art de la peinture et de la miniature en France au commencement du XVe siècle. En effet, il semble bien résulter d'autres textes d'archives que l'enlumineur (que nous verrons plus loin qualifié aussi de peintre), désigné sous le nom de Polequin Manuel dans l'accord avec le duc de Bourgogne en 1402, n'est autre qu'un grand artiste que l'on trouve plus tard au

(1) On pourra trouver une description plus détaillée de ce volume dans un travail de Camus, membre de l'Institut, publié en l'an IX [1800] dans les *Notices et extraits des manuscrits de la Bibliothèque nationale*, t. VI, p. 106 et suivantes. Le mémoire de Camus porte à la fois sur le ms. français 167 et sur le ms. français 166 dont nous aurons occasion de parler longuement plus loin. Ce travail est remarquable, surtout étant donnée sa date de publication. Camus s'est souvent trompé, et a fait des rapprochements forcés, par exemple en comparant les dessins ombrés du ms. français 167 avec les grisailles des *Conquêtes de Charlemagne* (manuscrit de Bruxelles que l'on sait maintenant avoir été peint vers 1460 par Jean Tavernier). Mais il a distingué, avec beaucoup de critique, et bien mis en lumière les différences de mains que l'on constate dans la suite des illustrations des deux manuscrits 166 et 167 du fonds français.

Sur le français 167, consulter encore : Paulin Pâris, *Les manuscrits françois de la Bibliothèque du roi*, t. II, p. 33-35 ; et surtout L. Delisle, *Livres d'images*, etc., p. 218 et 237-240.

(2) *Les manuscrits françois*, t. II, p. 34.

(1) Nous donnons ici sous sa forme exacte cette pièce déjà publiée par Peignot (*op. cit.*, p. 30), mais avec des suppressions de dates, et en extraits par M. Bernard Prost [article cité plus haut des *Archives historiques*, t. II, p. 342).

service du duc de Berry, appelé alors, suivant une habitude très fréquente de l'époque, du nom de son pays d'origine : Pol de Limbourg (1).

Les textes en question sont fournis par des comptes originaux du duc de Berry, conservés aux archives nationales, et ont été pour la première fois rapprochés et mis en lumière par M. de Champeaux (2). Nous y lisons des mentions constatant la présence, dès 1411 et jusqu'en 1415, dans la maison du duc de Berry, de deux frères, également peintres et enlumineurs, également nommés l'un Pol (dont Polequin est le diminutif), l'autre Jehannequin. Il est bien difficile, étant donnée cette similitude sur tous les points, de ne pas croire qu'il y a identité de personnages, que les frères Polequin et Jehannequin, peintres enlumineurs engagés par le duc de Bourgogne en 1402, sont les mêmes que les frères Pol et Jehannequin, peintres enlumineurs au service du duc de Berry dès 1411. Or, le Pol, frère de Jehannequin, attaché au duc de Berry, est précisément toujours appelé, dans les documents de 1411 à 1415, Pol de Limbourg. Les comptes du duc de Berry pour cette époque nomment encore un troisième frère, que certains indices permettent de croire plus jeune que les autres, portant le prénom d'Hermand ou Hermann, et qui travaillait dès lors avec Pol et Jehannequin.

Depuis que M. L. Delisle a montré qu'il y avait toute raison d'attribuer à Pol de Limbourg et à ses frères une vraie merveille de l'art, les admirables miniatures des Grandes Heures du duc de Berry, qui font partie du musée de Mgr le duc d'Aumale, à Chantilly (3), les trois frères ont pris un rang tout à fait de premier plan parmi les artistes qui ont travaillé en France au moyen-âge. Quand nous disons : pris, il serait plus juste de dire : repris, car à l'époque où ils vécurent, leur renommée fut déjà très grande. On sait, en effet, que Guillebert de Metz, dans sa fameuse description de Paris sous Charles VI, parlant des gens de talent dans tous les genres qui honoraient alors la capitale de la France, cite comme miniaturistes « les trois frères enlumineurs ».

La bible à laquelle Polequin Manuel, c'est-à-dire suivant nous le même artiste que Pol de Limbourg, et son frère Jehannequin promirent de consacrer, et consacrèrent effectivement, au moins assez longtemps, tout leur talent pour le duc de Bourgogne, a dû être un manuscrit d'une beauté exceptionnelle. Il serait infiniment souhaitable de pouvoir la retrouver avec certitude.

On peut suivre pendant quelque temps, grâce aux documents, les travaux d'exécution de cette bible. Jean Durant, chargé, comme nous l'avons dit, de surveiller l'ouvrage, toucha le 8 mai 1402 la première somme de 600 francs que lui avait assignée le mandement du 6 mars précédent (1). Un peu plus tard, au mois de juillet, il acheta à Paris six onces de « fin asur » à sept écus l'once, « pour enluminer certains livres », lesquels ne peuvent guère être autre chose que la bible en question (2). En tout cas, au commencement de l'année 1403, Polequin et son frère « besongnoient » toujours pour le duc « chacun jour en l'hôtel de Maitre Jean Durant ». Pour les encourager, en sus de leurs gages, Philippe-le-Hardi leur octroya en don « de grâce spéciale », par lettres patentes du 12 janvier 1403 (1402 ancien style) la somme de vingt écus d'or, soit 10 écus pour chacun.

« A Jehannequin et Paulequin, paintres, pour don à euls fait par mondit S[r] [le duc de Bourgogne] de grâce especial, la somme de XX escuz d'or, c'est assavoir à chacun X escuz, pour avoir de la robe, pour ce qu'ilz besongnoient pour mondit S[r] chacun jour en l'ostel de maistre Jehan Durant, son phisicien, si comme il appert plus à plain par les lettres patentes dudit S[r] sur ce faictes, donnés à Saint-Germain-en-Laye le XIIe jour de janvier l'an mil cccc et deux. » (Archives de la Côte-d'Or, B. 1532, f° 194 *b*.)

Une autre somme de six cents francs fut encore payée, de par le duc de Bourgogne, au mois de janvier 1404 (1403 nouveau style) à Polequin et son frère, nommés dans la pièce de compte non plus Manuel, mais Maluel (3).

« A Paulequin Maluel et Jehannequin, paintres et historieurs, aux quelz mondit Seigneur [le duc de Bourgogne] a ordonnez prendre et avoir chascun jour XX. s. parisis, jusques à quatre ans, tant pour leur vivre, comme pour la perfeccion des histoires et enlumineure de certaine Bible que mondit S[r] a ordonnée faire, enluminer et historier par les dessusdiz, si come il appert plus à plain par ung vidimus des lettres de mondit Seigneur, auquel est atachié ung mandement dudit Seigneur donné le XVIe jour de mars l'an mil cccc et ung.......... » 600 francs payés en janvier 1404. (Archives de la Côte-d'Or, à Dijon, B. 1532, f° 323.)

Dès lors, il n'est plus question dans les pièces d'archives émanées de la maison de Bourgogne des frères Manuel ou Maluel. Or, le 27 avril de cette année 1404, le duc Philippe-le-Hardi mourut. Faut-il croire que cette mort rompit le contrat et empêcha Polequin et son frère de continuer leurs travaux, ou bien ceux-ci les avaient-ils déjà menés, ou les menèrent-ils plus tard à bonne fin? D'autre part que devint cette bible?

Dans les documents que nous venons de publier, rien n'empêche de croire à la rigueur qu'il s'agit d'une bible française, du type ordinaire de ce genre de volume.

Dans cette hypothèse, on serait amené à se demander si

(1) Ce fut, en effet, une coutume souvent suivie en France dès le XIVe siècle et qui persista jusqu'au XVIe siècle, de débaptiser en quelque sorte les artistes les plus en vue, surtout ceux d'origine étrangère ou provinciale, en substituant à leur nom de famille un vocable formé du seul prénom suivi d'une désignation de ville natale ou de pays d'origine. C'est ainsi que Jean de Bandol, peintre en titre de Charles V, fut appelé plus généralement Jean de Bruges (pareille chose devait se répéter au XVe siècle pour Jean Van Eyck); que Jean Granger, d'Orléans, devint : Jean d'Orléans, etc.

(2) *Les travaux d'art exécutés pour Jean de France, duc de Berry*, p. 135 et suiv.

(3) L. Delisle, *Les livres d'heures du duc de Berry*, dans la *Gazette des Beaux-Arts*, deuxième série, t. XXIX (Février, avril et mai 1884).

(1) Bernard Prost, *op. cit.*, d'après les Archives de la Côte-d'Or, B. 1526, f° 298 *b.*, 299, et B. 1532, f° 30.

(2) B. Prost, d'après les Archives de la Côte-d'Or, B. 1532, f° 30 et 322 *b*.

(3) Cette variante du nom de famille mérite d'être relevée. A la même époque, il y avait à la Cour de Bourgogne, comme peintre en titre du duc, un artiste au prénom de Jean, d'origine flamande, qui est également appelé dans les documents, tantôt Jean Maluel, tantôt Jean Manuel. La similitude de nom de famille doit-elle faire supposer une parenté entre ce Jean et nos frères Polequin et Jehannequin? La question a déjà été débattue par MM. B. Prost et A. de Champeaux, et l'on semble avoir plutôt tendance à pencher vers la négative. Certaines considérations, trop longues à développer ici, nous sembleraient au contraire de nature à faire revenir peut-être à l'opinion contraire.

PARTIE DE PAGE DE LA BIBLE HISTORIÉE AVEC PEINTURES ATTRIBUÉES AUX FRÈRES DE LIMBOURG

(Bibl. Nationale, Ms. français 166, f° 11. — Grandeur réelle)

précisément cette bible ne serait pas nos numéros 9001 et 9002 de Bruxelles. L'époque concorderait parfaitement. D'autre part, ce que nous avons dit plus haut que les deux volumes de Bruxelles constituent, à deux exceptions près, la bible française la plus richement illustrée que l'on connaisse comme ayant été exécutée pendant un siècle, de 1350 à 1450, justifierait assez les épithètes employés par un de nos documents de « très belle et notable bible ». Non seulement nous aurions retrouvé ainsi la véritable origine du manuscrit de Bruxelles, qui nous a suggéré notre enquête, mais ce manuscrit deviendrait un monument de la plus grande importance pour l'histoire de l'art en France. Mais malheureusement il ne nous semble pas qu'on puisse s'arrêter à cette conclusion.

Elle doit être écartée si l'on admet notre identification de Polequin Manuel avec Pol de Limbourg. Nous connaissons, par les Grandes Heures de Chantilly, la valeur hors ligne du talent de Pol de Limbourg. Les images de la bible de Bruxelles, quelque soit la beauté de plusieurs d'entre elles, restent encore, malgré tout, bien loin des merveilles contenues dans le manuscrit de Mgr le duc d'Aumale.

D'autre part, dans tous les cas, il faut songer que Polequin Manuel et son frère Jehannequin avaient été engagés par le duc de Bourgogne pour quatre ans entiers, durant lesquels ils devaient travailler exclusivement à la bible. L'illustration d'une véritable bible, si riche qu'on la suppose, n'est certainement pas une œuvre suffisante pour occuper un tel espace de temps. Cette remarque autorise donc à croire qu'il ne s'agissait pas en réalité d'une bible ordinaire, dans le genre des manuscrits de Bruxelles, mais d'une bible historiée ou moralisée, du type de la « belle bible historiée du duc de Bourgogne » dont nous avons suivi l'histoire depuis 1401 et qui forme aujourd'hui le manuscrit français 167 de la Bibliothèque nationale. L'illustration d'un manuscrit de ce type offre, en effet, un champ bien autrement vaste à l'activité d'un ou de plusieurs artistes. Pour être achevée, elle comporte au-delà de cinq mille miniatures, c'est-à-dire un chiffre trente ou quarante fois supérieur au nombre des images renfermées dans la moyenne des plus belles bibles françaises.

Ce point admis, une supposition se présente naturellement à l'esprit et elle a été, en effet, plusieurs fois proposée : c'est que la bible confiée à Polequin et Jehannequin Manuel ne serait autre que la « belle bible historiée du duc de Bourgogne », par conséquent le manuscrit français 167 de la Bibliothèque nationale. L'hypothèse est séduisante. Seulement elle se trouverait inconciliable avec l'idée que Polequin Manuel est le même artiste que Pol de Limbourg.

Il y a, en effet, une distance immense au point de vue du caractère d'art entre les dessins ombrés du manuscrit français 167, d'un faire timide et d'un style attardé, et les splendides pages du volume de Chantilly, qui nous montrent, dans Pol de Limbourg et ses frères, des maîtres d'un talent infiniment plus avancé, des novateurs hardis, à certains égards presque des modernes, dignes et immédiats précurseurs de leurs grands compatriotes les van Eyck. Il faudrait donc, pour maintenir la paternité des dessins du ms. français 167 aux frères Manuel, rejeter toute notre théorie consistant à voir dans ces Manuel deux des frères de Limbourg.

Nous reconnaissons qu'il n'y aurait pas de raison absolument décisive qui s'opposât à ce que l'on prît ce dernier parti. Mais il nous semble que, en dehors de toute considération d'ordre esthétique, la question se trouve tranchée par les documents d'archives. Il résulte de la décharge de Richard le Conte que la bible historiée, qui est devenue le manuscrit français 167, faisait déjà partie de la bibliothèque du duc de Bourgogne au mois de février 1401. Or, dans la « très belle et notable bible » confiée aux frères Manuel, non seulement les images n'étaient pas encore exécutées, mais le texte même n'était pas achevé de copier, un an plus tard, au mois de février 1402. N'est-ce pas là une preuve évidente qu'il s'agit de deux manuscrits distincts l'un de l'autre ? Dans ce cas, on est évidemment obligé de chercher ailleurs que dans le n° 167 du fond français de la Bibliothèque nationale la bible peinte par les frères Manuel.

Peignot fournit à cet égard un renseignement qui paraît précieux au premier abord. Après avoir donné l'analyse de la première des pièces de notre petit dossier relatif à cette mystérieuse bible, il ajoute :

« NOTA. — La dicte Bible estant achevée en latin et en françois, avec histoires, fut donnée par Monseigneur le Duc Philippe au duc de Berry » (1).

Cette indication éluciderait deux points importants. D'abord, elle prouverait qu'il s'agissait bien, comme nous avions d'ailleurs tout lieu de le supposer, d'un volume du type de la bible historiée. Étant données, en effet, les habitudes suivies par les ateliers de la librairie française au commencement du XVe siècle, une bible désignée comme étant « en latin et en français » ne saurait être autre chose. D'autre part, l'indication de Peignot expliquerait pourquoi Philippe-le-Hardi, possédant déjà un exemplaire de bible historiée, en avait commandé un second. C'était pour le donner à son frère le duc de Berry, le passionné bibliophile. Malheureusement nous n'avons pu contrôler l'allégation de Peignot. Dût-on nous accuser de pousser trop loin la méfiance, nous nous demandons si, par hasard, l'érudit bourguignon ne se serait pas trompé, et s'il n'aurait pas appliqué abusivement à la bible des Manuel, un texte se référant à un manuscrit qui pourrait être différent. En effet, dans la série des comptes de la maison de Bourgogne, nous trouvons cet autre document que la prudence, dont nous ne devons pas nous départir, nous oblige à classer sous un article à part de notre liste générale des bibles des ducs de Bourgogne.

VI

« A Jaques Rapponde, la somme de lx fr. d'or, lesquelz du commandement de feu mons. le duc, cui Dieu perdoint ! (c'est-à-dire du duc Philippe-le-Hardi) et par ordonnance de maistre Jehan Durant, conseiller de mondit S', ycellui Jaques bailla et délivra pour faire ystoires en la *Bible en latin et en françoiz* que ledit feu Mong' faisoit faire ; laquelle mondit S' a donnée à Mons' de Berry ; aux personnes qui s'ensivent, c'est assavoir : à Ymbert Stanier, enlumineur, XXIIII fr. le premier jour de mars mil cccc et III. Item, le IIIe jour dudit mois en suivant à Jacques Cone, paintre, XX fr. Item à Hainsselin de Haguenot, enlumineur, le

(1) Peignot, *op. cit.*, p. 32.

XVIIe jour de mai mil cccc et quatre. XVI fr. Pour ce, par mandement de mondit Sr donné à Conflans-lez-Paris le XXIIe jour de mai, mil cccc et sept. » (Archives de la Côte-d'Or, B. 1547, f° 142 *b.*) (1).

Ce nouveau document contient des notions précises. Il s'agit bien cette fois d'une bible en latin et en françois, c'est-à-dire d'un volume du type de la bible historiée ou moralisée, et ce volume commandé par le duc Philippe-le-Hardi, a été donné au duc de Berry. Trois artistes y ont travaillé, deux qualifiés d'enlumineurs : Ymbert Stanier et Hainsselin de Haguenot, et un peintre : Jacques Cône. Tous trois ont touché pour leurs peines. Ymbert Stanier 24 francs le 1er mars 1404 (1403 vieux style), Jacques Cône, 20 francs le 3 du même mois, enfin Hainsselin de Haguenot, 16 francs le 17 mai suivant.

Disons dès maintenant que ce texte est également très important pour l'histoire générale de l'art en France, par les personnalités des artistes qu'il met en cause. D'Imbert Stanier, il est vrai, nous savons peu de choses, mais Hainsselin de Haguenot et surtout Jacques Cône sont deux figures curieuses.

Quand on étudie les monuments de la peinture en France sous le règne de Charles VI, monuments qui consistent principalement dans les miniatures de manuscrits, un trait se dégage très frappant, c'est celui si bien mis en lumière par notre savant confrère M. Courajod et qu'il a appelé « le caractère international », de l'art à cette époque. Dans ces productions nées sur le sol de notre pays, se font sentir, associées aux vieilles traditions de la race française, des influences variées, venues de l'étranger. Ici ce sont les qualités plus spécialement propres au génie flamand : là au contraire certaines particularités rappellent l'Italie ; d'autres détails encore, ailleurs, font songer aux maîtres allemands de la primitive école de Cologne. Une existence telle que celle de Jacques Cône jette la lumière sur les circonstances qui ont pu amener à ce moment cette rencontre au cœur de notre pays de courants divers, cette espèce de fusion ou tout au moins de juxtaposition d'éléments empruntés aux contrées du Nord, de l'Est ou du Midi.

Jacques Cône, que les documents appellent aussi Jacques Coëne, ou Jacques Conard, était Flamand de naissance, originaire de Bruges. Dans la même ville de Bruges, florissait aussi à l'époque où il vivait, un autre peintre enlumineur qui portait le même nom de famille : Jean Cône, probablement par conséquent un de ses parents, sinon peut-être même son frère. Jean Cône passa au moins la plus grande partie de sa vie à travailler à Bruges où il conquit, dans l'exercice de son art, une situation très importante (2). Jacques au contraire quitta la Flandre pour venir chercher fortune à Paris. Il était déjà installé dans la capitale en 1398 et on l'y consultait comme un maître sur les questions techniques de l'art.

(1) Ce document, analysé d'une manière vague par Peignot (*op. cit.*, p. 33) a été publié par M. Bernard Prost. *Archives historiques*, t. II, p. 343. Cf. A. de Champeaux, *op. cit.*, p. 121.

(2) Ainsi Jean Cône reçut du bourgmestre de Bruges la commande d'un tableau représentant le jugement dernier, qu'il peignit en 1388, et qui fut placé dans la salle échevinale. Il fut doyen de la gilde de Saint-Luc, toujours à Bruges, en 1397, 1426 et 1436, etc.

L'année suivante un fait se produisit qui contribue à attester sa réputation. Le Chapitre de la Cathédrale de Milan, préoccupé de faire continuer les travaux de construction et de décoration de la fameuse cathédrale, se décida, sur la proposition d'un Français qui était en relation avec la Lombardie, Jean Aucher, à recourir aux talents d'artistes appelés de Paris, et traita en conséquence avec Jacques Cône, ainsi qu'avec un autre peintre, travaillant également dans la capitale, Jean Mignot, celui-ci de Paris même. L'engagement de Jacques Cône et de Jean Mignot fut conclu en vertu d'une délibération de la fabrique du dôme, du 13 avril 1399. Jacques Cône et son compagnon quittèrent les bords de la Seine le 20 ou le 21 juillet suivant et atteignirent Milan le 7 août. Aussitôt arrivé, Jacques Cône eut ordre de dessiner un plan général en perspective de la Cathédrale.

Le séjour de Jacques Cône au-delà des Alpes ne paraît pas avoir été très prolongé. Des difficultés s'élevèrent bientôt entre les Milanais et les artistes qu'ils avaient appelés de France. Jean Mignot finit par être destitué de son emploi le 22 octobre 1401. Quant à Jacques Cône, il était rentré à Paris au plus tard au commencement de 1404, puisqu'avant le mois de mars de cette année il y avait travaillé à la bible du duc de Bourgogne. Mais ce voyage en Italie avait suffi pour donner au maître brugeois l'occasion d'entrer en relations avec des artistes italiens (1). Il a dû connaître notamment le peintre Giovanni da Modena (en latin : Johannes de Mutina) dont nous possédons un tableau authentique, un petit triptyque signé en toute lettre, très curieux pour les rapprochements auxquels il peut prêter avec des œuvres exécutées de ce côté-ci des Alpes. Jacques Cône acquit ainsi des notions nouvelles, que nous savons qu'il rapporta en France, et en faisant profiter libéralement ceux qui s'intéressaient à la pratique de l'art (2).

Ainsi Jacques Cône se trouve être un des agents qui ont favorisé le contact de l'art français et de l'art italien et qui ont contribué à faire de Paris le centre de la fusion entre les éléments empruntés aux deux pays.

Le rôle que Jean Cône a joué par rapport à la France et à l'Italie, Hainsselin de Haguenot a dû le remplir de son côté, au moins jusqu'à un certain point, en ce qui concerne la France et les régions situées le long du Rhin. Sous la forme francisée du nom on reconnaît facilement un prénom de forme germanique : Hansslein, ou le petit

(1) A. de Champeaux, *Les travaux d'art exécutés pour Jean de France, duc de Berry*, p. 123.

(2) Tout ce que l'on sait quant à présent sur Jacques Cône a été parfaitement mis en lumière par M. de Champeaux dans son beau livre sur *Les travaux d'art exécutés pour le duc de Berry*, p. 122-123. Une partie des renseignements les plus intéressants est fournie par le Ms. latin 6471 de la Bibl. nationale, renfermant des traités et des recueils de recettes sur l'art de peindre, dont le texte a été publié en 1849 par Mistress Merrifield : *Original Treatises on the arts of painting in oil, miniature, mosaic, and on glass of gilding dyeing, and the preparation of colours and artificials gems* [Londres, in-8°], t. I, p. 162-257. Sur ce ms. latin 6741, consulter le travail de M. Giry : *Notice sur un traité du moyen-âge intitulé : De coloribus et artibus Romanorum*, paru dans la *Bibliothèque de l'Ecole des Hautes Etudes*, 35me fascicule (*Mélanges*, 1878), p. 213-214. Cf. Mgr Dehaisnes, *Documents... concernant l'histoire de l'art*, p. 823-825.

Hans, et la désignation, comme pays d'origine, de la cité alsacienne de Haguenau.

Hainsselin de Haguenot, ou, pour restituer à son nom la véritable forme : Hansslein de Haguenau, appartient donc à ce groupe d'artistes sortis des mêmes pays des bords du Rhin, depuis Constance jusqu'à Cologne, que nous savons être venus travailler en France, et particulièrement à Paris, au début du XVe siècle et qui ont dû apporter naturellement avec eux les traditions de l'école de Cologne : tels que Hans de Constance, l'artiste en vogue de Paris en 1422 : Hermann de Cologne qui peignait à l'Hôtel Saint-Pol en 1419 : ou cet autre peintre, venu également de Cologne ou des environs, dont le fils nommé Evrard d'Espinques travailla plus tard pour le duc de Nemours. Hansslein de Haguenau devait d'ailleurs être un homme d'un réel talent, car un des princes qui fut un des plus fins connaisseurs de l'époque, le Dauphin Louis, duc de Guyenne, fils de Charles VI, le prit à son service comme enlumineur (1).

La question qui reste à examiner, c'est celle de savoir si la bible historiée à laquelle ont travaillé Jean Cône et ses compagnons, et qui fut donnée au duc de Berry par le duc de Bourgogne, était le même manuscrit dont l'illustration avait d'abord été commandée aux frères Manuel au mois de février 1402. La chose ne serait pas douteuse, si l'on accepte sans restriction le NOTA de Peignot, d'après lequel la Bible des Manuel se trouverait désignée comme une bible historiée donnée plus tard au duc de Berry. Il ne serait pas admissible, en effet, que le duc de Bourgogne eût offert à la même époque, au même duc de Berry, deux manuscrits du même type, surtout d'un aussi grand prix. On peut faire remarquer aussi que dans les pièces d'archives citées, c'est toujours le même personnage, le médecin Jean Durant, qui apparaît comme une sorte de commissaire chargé de surveiller le travail des artistes, ce qui donne à croire qu'il s'agit d'une seule et même entreprise. Mais j'ai indiqué la réserve que je crois devoir faire, par une prudence peut-être exagérée, au sujet du NOTA de Peignot. Je voudrais un document plus certain pour faire pencher la balance dans un sens ou dans l'autre ; et jusqu'à la découverte de ce document, il est plus sage de réserver la conclusion.

Une autre difficulté se présente. Il est dit formellement, dans l'extrait de compte, que la bible en latin et en français, exécutée sur l'ordre du duc Philippe-le-Hardi, et à laquelle ont travaillé Jacques Cône, Imbert Stanier et Hansslein de Haguenau, que ce soit, ou non, le manuscrit commencé par les frères Manuel, fut donnée au duc de Berry. Nous connaissons la composition de la bibliothèque du duc de Berry par trois inventaires détaillés. L'un de ceux-ci remonte à 1401-1402, et est par conséquent antérieur à la date possible de la donation de la bible par le duc de Bourgogne. Mais les deux autres inventaires sont postérieurs, ayant été dressés en 1413 et 1416. On devrait donc s'attendre à y rencontrer la mention de la susdite bible « en latin et en françois », ou, ce qui revient au même, d'une bible historiée, moralisée ou allégorisée.

(1) Suivant M. Bernard Prost (*Archives historiques*, t. I, p. 426) « Lancelin de Hagnenoe » fut « enlumineur » et valet de chambre du dauphin en 1409-1415.

Or, il n'en est rien. Il résulte d'une étude très minutieuse à laquelle nous nous sommes livré, et dont les détails seraient trop longs à exposer ici, qu'aucun article des inventaires du duc de Berry ne peut s'appliquer à la bible historiée donnée au prince par le duc de Bourgogne.

Il faut naturellement se borner à constater le fait, sans vouloir chercher à l'expliquer. Tout au plus peut-on rappeler que, entre la date approximative de ce don et la rédaction de l'inventaire de 1413, en 1411, durant la guerre civile des Armagnacs et des Bourguignons, une des plus riches demeures du duc de Berry, le château de Bicêtre fut mis à sac et brûlé par les Parisiens. La bible historiée en question n'aurait-elle pas disparu, peut-être, dans ce pillage du château de Bicêtre ?

Enfin une dernière circonstance vient encore compliquer le problème.

Il semble que, sans trop de témérité, étant admise l'identification de Polequin Manuel avec Pol de Limbourg, on puisse se faire, *à priori*, une idée de ce qu'a pu être un manuscrit du type de la bible historiée enrichi de peintures, sur la commande du duc de Bourgogne, par Pol et son frère Jehannequin.

A l'époque où le duc Philippe-le-Hardi passait son contrat avec les deux frères, il possédait déjà parmi ses livres l'exemplaire de la bible historiée qui est devenu le manuscrit français 167 de la Bibliothèque nationale. Cet exemplaire était un modèle indiqué, et il serait tout naturel de penser qu'on l'eût copié pour la disposition générale. D'autre part, des miniatures peintes par Pol de Limbourg et son frère devaient ressembler à certaines des peintures des Grandes Heures de Chantilly, puisque les mêmes artistes ont travaillé à cet admirable volume.

Or, nous possédons un manuscrit de bible historiée qui répond à ces deux données.

Ce manuscrit est celui qui porte le no 166 du fonds français à la Bibliothèque nationale (1). Au point de vue du texte, le ms. français 166 est, pour ainsi dire, comme le frère jumeau de la « belle bible historiée du duc de Bourgogne », c'est-à-dire du 167. Non seulement la disposition d'ensemble est identique d'un manuscrit à l'autre, mais il n'y a pas la plus petite différence au point de vue de la partie calligraphique ; l'écriture pourrait être de la même main, les lettres initiales, décorées d'or et d'azur, et jusqu'aux ornements qui terminent les paragraphes sont absolument semblables. On pourra facilement constater cette similitude par six de nos planches qui reproduisent, en grandeur exacte, ou avec une légère réduction, trois pages correspondantes de chacun des deux volumes.

La divergence éclate, au contraire, très sensible, si l'on passe du texte aux images. Tandis que dans le manuscrit français 167, l'illustration est complète et dénote un travail exécuté tout entier à une même époque, sous l'empire des mêmes traditions rappelant encore le XIVe siècle, le manuscrit français 166 apparaît comme ayant été plusieurs fois abandonné, puis repris, à intervalles relativement

(1) Ainsi que nous l'avons déjà dit, le travail de Camus, inséré au tome IV des *Notices et extraits des manuscrits*, p. 106 et suiv., porte à la fois sur le ms. français 166 et sur le français 167. Cf. L. Delisle, *Livres d'images destinés à l'instruction religieuse et aux exercices de piété des laïques*, p. 241 et suiv.

éloignés, pour rester finalement interrompu. Les miniatures s'y succèdent ainsi, différentes d'âges à mesure que l'on avance plus loin dans le volume. Celles qui se trouvent le plus vers la fin, d'ailleurs fort laides, ne remontent tout au plus qu'aux dernières années du xve siècle, ayant été ajoutées à une époque où le manuscrit appartenait à la famille de Poitiers. D'autres, plus vers le commencement, celles-ci d'un art très supérieur, assez belles pour avoir pu être attribuées par un fin connaisseur comme notre confrère M. Henry Bouchot (1) à la jeunesse de Jean Fouquet, datent, d'après les costumes, du règne de Charles VII. Enfin le début du manuscrit, c'est-à-dire peut-être l'ensemble des feuillets 1 à 32, et en tout cas, certainement les feuillets 1 à 24, composant les trois cahiers du livre (2), contiennent des images que leur style permet de rapporter aux premières années du xve siècle

Dans cette première série d'illustrations, les sujets se suivent les mêmes que sur l'autre exemplaire. Il n'y a là rien que de naturel. En effet, dans une bible historiée, les images sont intimement liées au texte et commandées par lui ; les mêmes versets ramènent forcément les mêmes compositions. Du reste, nous le savons par un curieux témoignage, les enlumineurs qui ont travaillé au manuscrit français 166 ont été dirigés dans leur travail. Aux feuillets sur lesquels le texte était déjà copié, mais où il restait à exécuter les miniatures ou « histoires » se trouvaient jointes jadis des instructions assez détaillées pour remplir deux cahiers, fixant la manière de traiter ces illustrations « deux cayés de papier où sont contenus la forme de faire les dictz histoires » (3).

Donc, bien que l'on trouve les mêmes suites de sujets répétées dans les deux manuscrits, il faudrait cependant se garder d'en conclure qu'ils ont été peints dans le même atelier. Ce serait, pour prendre un exemple vulgaire, comme si l'on voulait tirer argument de ce que les « Chemins de la Croix » que l'on voit dans nos églises montrent invariablement les mêmes scènes de la Passion présentées dans un ordre immuable, pour prétendre que tous les chemins de croix ont été exécutés dans une seule boutique. D'ailleurs si l'on compare les planches que nous donnons et qui permettent de mettre en parallèle des portions correspondantes des deux exemplaires, on verra que dans le détail, les peintres du ms. français 166 sont loin d'être toujours des copistes serviles par rapport aux illustrations du 167. En tout cas, ce n'est pas au choix des sujets qu'il y a lieu de s'arrêter, puisque ce choix a été forcé, imposé d'avance par un programme écrit. Il faut considérer les particularités de dessin et de style, les procédés de facture, le sentiment imprimé aux figures. A cet égard, la dissemblance éclate extrêmement marquée entre les deux exemplaires. Au lieu des dessins assez sommaires d'exécution, et de style attardé, du 167, nous trouvons au début du 166 des petits tableaux, tenus il est vrai dans une gamme discrète de tons clairs et même, dans le premier cahier, traités encore à peu près comme des grisailles, mais très poussés dans les détails et, pour les chairs des personnages au moins, modelés au pinceau, comme de vraies peintures. Mais ce qui constitue surtout la différence, c'est l'extrême supériorité, au point de vue de l'art, des images couvrant les feuillets de début du manuscrit 166.

Ces images du 166 sont l'œuvre de deux artistes, travaillant sous la même inspiration et obéissant aux mêmes tendances, mais que l'on peut cependant distinguer facilement l'un de l'autre. L'un, qui a peint le premier cahier et qui, comme nous venons de le dire, reste dans les données simplifiées de la grisaille, est déjà très remarquable. Le second, dont le pinceau plus souple insiste davantage sur les nuances et les détails et qui a rempli de véritables miniatures les cahiers 2 et 3 (folios 9 à 24) du manuscrit, se révèle comme étant tout simplement un des grands maîtres de l'époque. Sous leurs dimensions minuscules, ces petits tableaux dépassent de très loin la limite ordinaire des miniatures, même dans les manuscrits du plus grand luxe. Ce sont des bijoux exquis, où l'entente de la composition, la science du dessin, le sentiment de l'harmonie des couleurs, s'unissent à une délicatesse de touche merveilleuse. Ainsi, les ravissantes miniatures de ces premiers feuillets du 166 n'ont de commun que le choix obligatoire des sujets, avec les histoires de noir et de blanc de la bible 167.

En revanche, et c'est là le point capital, par le style, le caractère des types, la maîtrise de l'exécution, elles se rapprochent de très près de certaines des miniatures du manuscrit de Chantilly (1). On peut faire les comparaisons les plus instructives rien qu'en mettant en regard des compositions du début de la bible 166, et principalement toujours de celles des deuxième et troisième cahiers, les photogravures des deux peintures du manuscrit de Chantilly figurant la Présentation au Temple et le Paradis terrestre, que M. Delisle a publiées dans la Gazette des Beaux-Arts (2).

Le début de la Bible historiée 166 ressemble aussi de la façon la plus frappante à un autre des plus beaux manuscrits du duc de Berry, celui-ci, de son côté, apparenté de près au volume de Chantilly : les « belles Heures très bien et richement historiées », jadis propriété de la famille d'Ailly et qui appartiennent aujourd'hui à M. le baron Edmond de Rothschild (3).

Par exemple, le manuscrit français 166, indépendamment des illustrations se référant au texte, contient

(1) *Jean Foucquet* dans la *Gazette des Beaux-Arts*, 3me période, t. IV (1890).

(2) Les peintures du quatrième cahier (f°s 25-32) peuvent être du même temps que les précédentes, mais en diffèrent un peu par certains points. Je les laisserai donc de côté, la question en ce qui les concerne ne touchant pas au fond de notre présente étude.

(3) Ces cahiers étaient encore réunis au manuscrit inachevé en 1518 (Delisle, *Livres d'images destinés à l'instruction religieuse… des laïques*, p. 243). Ils se sont perdus depuis ; mais nous avons plusieurs exemples de ces programmes pour l'illustration donnés par écrit aux enlumineurs. Ils nous montrent que parfois on allait jusqu'à prescrire d'avance les plus minutieux détails.

(1) Sur ce rapprochement des premiers feuillets du ms. français 166 avec le merveilleux livre d'heures de Chantilly, je me trouve d'accord avec M. de Champeaux, qui a fait ressortir avec plus de détails que je ne puis le faire ici les nombreuses similitudes des deux volumes (*Les Travaux d'art exécutés pour le duc de Berry*, p. 145-151).

(2) Accompagnant le précieux travail sur *Les Livres d'heures du duc de Berry*, déjà cité plus haut.

(3) Sur ce ms. voir : L. Delisle, *Mélanges de paléographie et de bibliographie*, p. 283-293.

encore, en tête, une page, constituant une sorte de frontispice, qui a été plusieurs fois citée avec raison comme un chef-d'œuvre au sens absolu du mot (1). C'est un grand dessin montrant saint Jérôme assis au travail, avec un fond formé d'une riche arcature d'architecture gothique. Or, cette même image de saint Jérôme se retrouve, sous une dimension un peu réduite qui peut avoir amené quelque simplification des détails, mais traitée absolument dans le même sentiment de la composition et de la forme, sur l'un des feuillets du livre d'heures d'Ailly-Rothschild.

Ainsi le manuscrit français 166, en ce qui concerne la partie du début, est une bible historiée, d'une part étroitement liée pour la calligraphie du texte à « la belle bible historiée du duc de Bourgogne », et, d'autre part, ressemblant par ses images aux Grandes Heures de Chantilly, c'est-à-dire à une œuvre authentique de Pol de Limbourg et de ses frères. Nous pouvons donc, jusqu'à un certain point, nous figurer, à l'aide de ces premiers feuillets du 166, l'aspect qu'a dû offrir la « très belle et notable bible » dont le duc de Bourgogne Philippe-le-Hardi commanda les images en 1402 à Polequin et à Jannequin Manuel : ceci, bien entendu, toujours si l'on accepte cette double proposition, dont nous avons cherché à faire ressortir la grande vraisemblance : que cette « très belle et notable bible » était un manuscrit du type de la bible historiée et que Polequin Manuel est le même artiste que Pol de Limbourg.

Faudrait-il aller plus loin encore et vouloir retrouver dans le français 166 précisément cette bible même commencée sur l'ordre de Philippe-le-Hardi et dont la décoration aurait été arrêtée par le décès du prince en 1404? Dans l'état actuel de la question, une conclusion aussi formelle nous paraîtrait tout à fait téméraire.

(*A suivre*). Paul Durrieu.

BIBLE HISTORIÉE AVEC PEINTURES ATTRIBUÉES AUX FRÈRES DE LIMBOURG
(Bibl. Nationale, Ms. français 166, folio 10. — Légère réduction)

Manuscrits de luxe

EXÉCUTÉS POUR

DES PRINCES ET DES GRANDS SEIGNEURS FRANÇAIS

(Notes et Monographies)

(Suite)

On pourrait d'ailleurs être plutôt tenté de se rallier à une autre hypothèse formulée par M. Delisle (1) consistant à croire que c'est directement pour le duc de Berry que le manuscrit français 166 a pu être mis en œuvre. Il en serait de ce volume comme des Grandes Heures de Chantilly. Ce serait la mort du duc de Berry, en 1416, qui en aurait brusquement suspendu la décoration; et le manuscrit, en somme peu avancé encore quant aux peintures, puisqu'il n'y avait au plus que 32 feuillets d'illustrés, serait resté dans l'atelier des enlumineurs, sans être jamais livré à son destinataire ni à ses héritiers, ce qui expliquerait comment aucun inventaire n'en parle.

Tous ces points sont extrêmement délicats à aborder avec le peu de documents dont nous disposons, et d'ailleurs risquent de nous faire sortir un peu de notre cadre. Dans le présent travail, en ce qui concerne le manuscrit français 166, je n'ai prétendu essayer de mettre en lumière autre chose que ses doubles relations, celles-ci, tout à fait frappantes, avec la « belle bible historiée du duc de Bourgogne » en ce qui concerne la partie écrite, et avec les Grandes Heures de Chantilly au point de vue de l'illustration des premiers cahiers.

En résumé, la longue et minutieuse dissertation à laquelle nous venons de nous livrer nous a conduit aux constatations suivantes :

1° Le duc de Bourgogne Philippe-le-Hardi possédait déjà, en février 1401, la « belle bible historiée », avec ses images « de blanc et de noir », qui forme aujourd'hui le manuscrit français 167 de la Bibliothèque nationale ;

2° Le même duc de Bourgogne fit faire une autre bible historiée qui fut donnée au duc de Berry. A l'illustration et à la décoration de cette bible avaient été employés le peintre Jacques Cône et les deux enlumineurs Imbert Stanier et Hansslein de Haguenau, payés de leur peine en 1404 ;

3° Dans l'intervalle, de 1402 à 1404, deux frères peintres-enlumineurs, Polequin et Jannequin Manuel ou Maluel, travaillèrent longtemps, toujours pour le même duc de Bourgogne, à une très belle bible. Il est extrêmement vraisemblable que cette bible était un manuscrit du type de la bible historiée. Peut-être est-ce la même bible que terminèrent Jacques Cône, Imbert Stanier et Hansslein de Haguenau et qui fut donnée au duc de Berry. Quant aux peintres-enlumineurs nommés alors Polequin et Jehannequin Manuel, il y a de sérieuses raisons de croire que l'on peut reconnaître en eux Pol de Limbourg et son frère Jehannequin, passés plus tard au service du duc de Berry ;

4° Enfin, nous avons dans le manuscrit français 166 de la Bibliothèque nationale une bible historiée dont le texte paraît dû au même atelier de calligraphie que celui de la « belle Bible historiée du duc de Bourgogne », et dont, en même temps, on peut attribuer les images des trois premiers cahiers, par rapprochement avec les Grandes Heures de Chantilly, à Pol de Limbourg et à un de ses frères. Cette bible ne serait-elle pas précisément celle que Philippe-le-Hardi commanda aux frères Polequin et Jehannequin ? N'est-ce pas au contraire plutôt un travail différent qui a pu être exécuté ultérieurement, par exemple pour le duc de Berry ?

En somme, nous avons pu fixer quelques points de repère importants. Il reste, il est vrai, bien des questions en suspens; mais dans un chapitre de l'histoire de l'Art encore aussi obscur que celui qui concerne la peinture et la miniature en France sous Charles VI, c'est déjà un pas important du fait que d'être seulement arrivé à dégager nettement les positions des problèmes. Si nous ne sommes pas en mesure de donner des solutions immédiates, nous savons du moins maintenant sur quoi devront porter les efforts en vue d'arriver à éclaircir les dernières obscurités.

Troisième Section.

Renseignements fournis par les inventaires de 1404 et 1405.

La discussion de ces problèmes relatifs aux travaux des frères Manuel, de Jacques Cône, d'Imbert Stanier et de Hansslein de Hagueneau, nous a un peu entraînés en avant. Il faut revenir, pour reprendre la suite de nos recherches dans l'ordre chronologique, à l'époque de la mort de Philippe-le-Hardi.

Celui-ci expira à Hall, en Brabant, le 26 ou le 27 avril 1404. A la suite de ce décès, on dressa un inventaire de ses biens meubles, qui fut commencé à Paris au mois de mai 1404 (1). Dans le chapitre consacré à « l'inventoire des livres et romans de feu mondit seigneur », nous ne trouvons, comme nous intéressant, que la seule mention relative à la bible historiée, c'est-à-dire au volume devenu le manuscrit français 167, dont nous avons déjà donné le texte « Item, la bible ystoriée fermant à deux fermouers d'argent dorez, etc... »

Mais l'inventaire de 1404 ne nous renseigne pas sur l'ensemble des livres possédés par la Maison de Bourgogne, au décès de Philippe-le-Hardi. Dans l'intitulé de cette pièce, il est bien expliqué qu'on n'a pas compris dans l'état dressé à Paris les joyaux et autres biens meubles que le duc avait emportés en Bourgogne ou ailleurs : « Fait et commancié à Paris..... senz autre partie de joiaux et biens meubles que mondit seigneur a fait prendre et porter avec lui en Bourgoingne et autres, declairez plus à plain ou papier du grant inventoire. »

Y avait-il eu des livres transportés en Bourgogne, nous l'ignorons. Mais ce qui est certain, c'est qu'une série importante de manuscrits était entre les mains de la veuve de Philippe-le-Hardi, la duchesse de Bourgogne, Marguerite de Flandre. Celle-ci, moins d'un an après, suivit

(1) *Livres d'images*, etc., p. 241-242.

(1) Mgr Dehaisnes, *Documents... concernant l'histoire de l'Art*, p. 825-854.

dans la tombe son époux, étant morte à Arras, le 20 mars 1405. L'ouverture de sa succession à partager entre ses trois fils, le nouveau duc de Bourgogne, Jean-Sans-Peur, le comte de Nevers, et le duc de Limbourg, entraîna la confection d'un nouvel inventaire, commencé le 7 mai 1405, à Arras, où se trouvaient les meubles de la défunte, et qui, en somme, complète celui de Philippe-le-Hardi. Dans cet inventaire figurent bon nombre de livres. Ceux-ci, sauf quelques-uns, étaient dans des coffres, au nombre de quatre, distingués par des lettres. Malheureusement les mentions de l'inventaire sont très courtes et se réduisent généralement au seul titre des volumes. Nous en avons deux à relever :

VII

Au coffre A. M. : « Item une Bible en francoys »

VIII

Au coffre A. O. : « Premièrement la Bible en francoys » (1).

Des indications aussi sommaires ne permettent pas évidemment de proposer des identifications. Cependant il serait assez vraisemblable de croire que l'une de ces deux bibles françaises trouvées dans la succession de la duchesse de Bourgogne était celle que nous savons avoir été donnée à cette même duchesse par Charles VI en 1381. [Nº I de notre liste.]

Quant à l'autre, n'était-ce pas peut-être la bible achetée cinq ans plus tôt par le duc de Bourgogne à Jacques Raponde. [Nº II de notre liste.] En effet, si cette bible n'était pas sortie des mains du duc de Bourgogne, elle devrait être mentionnée soit dans l'inventaire de 1404, après la mort du duc, soit dans celui de 1405, après la mort de la duchesse. Or, il n'en est certainement pas question dans le premier inventaire. N'est-il donc pas naturel de penser que c'est elle qui est visée par l'une ou l'autre des deux mentions que nous venons de tirer du second inventaire ?

Quatrième Section.

Renseignements fournis par les pièces d'archives de 1415.

IX

En 1415, se place, nous le rappelons, l'acquisition faite à Jean Chousat par Jean-Sans-Peur, sur la demande de la duchesse, sa femme, de la belle bible qui forme aujourd'hui les manuscrits nºˢ 9024 et 9025 de Bruxelles. En nous occupant de cette bible, au début de la présente étude, nous avons donné tous les textes qui s'y rapportent.

Cinquième Section.

Renseignements fournis par les inventaires de 1420 et 1424.

Les grandes étapes de notre enquête sont marquées par les morts successives des ducs et des duchesses de Bourgogne, leurs décès ayant entraîné la confection d'inventaires qui deviennent pour nous de précieux moyens d'informations.

(1) Mᵍʳ Dehaisnes, *Documents*, p. 880 et 881.

Le 10 septembre 1419, Jean-Sans-Peur tombait au pont de Montereau ; ses biens se trouvaient passer à son fils et héritier, Philippe-le-Bon. Celui-ci, l'année suivante, donna ordre de dresser l'état des joyaux et autres biens-meubles devenus ainsi sa propriété. En conséquence, un inventaire fut commencé à Dijon, le 12 juillet 1420, par les soins de ce même Jean Bonost, maître de la chambre des comptes du duc de Bourgogne, que nous avons vu intervenir en 1415, comme expert dans la prisée de la bible achetée à Jean Chousat, et qui fut secondé cette fois par le secrétaire du duc, Jacques de Templeuve. Tous les objets inventoriés devaient être pris en charge par le garde des joyaux, Jean de La Chesnel, dit Bouloigne.

Cet inventaire de 1420, que nous citerons d'après le manuscrit de la Bibliothèque nationale, collection des 500 de Colbert, vol. 127, comprend deux importants chapitres consacrés aux livres. D'abord (fº 31 *b.* à 42 du ms.) « les livres comme breviaires, messelz, heures et autres livres de devocions », ainsi que les « autres livres d'église pour chappelle ». Puis (fº 147 à 169) ceux qui constituaient plus proprement la « librarie » ou bibliothèque. Ce dernier chapitre comprend 179 articles. Il y a, en outre, à la fin de l'inventaire, trois notes relatives à des livres prêtés au dehors du vivant de Jean-Sans-Peur et non encore rentrés.

Parmi les livres inventoriés réapparaît la « belle bible historiée » avec ses images « de blanc et de noir ». Nous trouvons, en outre, sur l'état, quatre mentions se référant à des manuscrits qualifiés de bible en français, bible historiale, ou, ce qui revient au même, histoire scolastique (1). Ces mentions vont nous fournir les nºˢ X à XIII de notre liste générale.

X

« Item, ung autre livre nommé *l'Istoire scolastique*, escript en parchemin, de lettre ronde, à II colonnes, historié et columiné d'or, commençant ou IIᵉ fueillet : *font males eueres*, et ou derrenier : *qui ont leurs femmes*. Couvert de cuir rouge marqueté, à II fermouers de leton (Inventaire de 1420, fº 150 *b.* du manuscrit, article 22).

Le même manuscrit réapparaît vers la fin du XVᵉ siècle dans les grands inventaires de Flandre, publiés par Barrois.

(1) Je laisse naturellement de côté dans cette enquête, qui a pour point de départ des bibles françaises entières, trois manuscrits qui sont désignés nommément dans l'inventaire de 1420, comme ne renfermant que telle ou telle partie des livres saints :

« Ung autre livre nommé *le livre de Ruth, de Thobie*, et d'autres choses, couvert de cuir vermeil, commencant ou II fueillet : *ces et recognoist*, et ou derrenier : *sans eschever* (fº 167 *b.* du ms., art. 163. — Correspond au nº 1925 des inventaires de Flandre, publiés par Barrois).

« Ung autre livre nommé *le livre des Evangiles en françoys* contenant plusieurs autres choses..... commençant ou IIᵉ fueillet : *roient l'ame*, et ou derrenier : *Dieux ostera* (fº 154, article 48. — Correspond aux nºˢ 803 et 1976 de Barrois ; aujourd'hui à Bruxelles, ms. 9394 de la Bibl. Royale).

« Ung autre livre .... intitulé : Cy commencent les IIII Euvangiles, et commence ou derrenier fueillet : *Pierres le vit* (fº 166, article 147. — Correspond aux nºˢ 1134 et 2074 de Barrois ; aujourd'hui à Bruxelles, ms. nº 10,993).

A plus forte raison n'ai-je pas à m'occuper ici d'un volume, ayant un caractère de livre liturgique, renfermant les évangiles pour les messes de l'année (fº 160 *b.*, article 97. — Correspond au nº 2158 de Barrois).

« Ung autre livre en parchemin couvert d'ais rouges, intitulé au dehors : *C'est le livre de l'Istoire Scolastiques*; comancant au second feuillet : *Font males euces*, et au dernier : *qui ont leurs femes.* » (Inventaire de Bruges, vers 1467. — Barrois, p. 157, nº 1034.)

« Ung autre grand volume, sans aiz ne sans cloans, historié, et intitulé : *C'est le livre de l'Istoire Scolastiques ;* comenchant ou second feuillet : *Font malles euveres*, et finissant au derrenier : *et en ame sans fin regner. Amen.* » (Inventaire de Bruxelles, 1487. — Barrois, p. 251, nº 1755.)

« Un livre couvert de cuyr blanc, à deux cloans de cuyr et cincq boutons de leton, intitulé : *La Bible en françois* ; commenchant ou second feuillet : *Font males euvres*, et finissant : *et en âme sans fin rengniez. Amen.* » (Supplément, vers 1504. — Barrois, p. 311, nº 2194.)

On voit par ces indications que ce manuscrit portait encore, vers 1467, sa reliure rouge de 1420, puisqu'en 1487 il se trouvait dérelié, sans ais pour les plats ni fermoirs (cloans), et qu'enfin il fut plus tard recouvert à nouveau de cuir blanc.

Cette bible, dont le second feuillet commençait par les mots : font males œuvres, et le dernier par : qui ont leurs femmes, se trouve encore aujourd'hui à la Bibliothèque royale de Bruxelles, nºs 9634-9635. C'est un volume petit in-folio de 357 feuillets, mesurant 310 millimètres sur 225, avec le texte écrit sur deux colonnes de 40 lignes. Ce manuscrit comprend seulement le tome II de la Bible historiale. Une note placée à la fin rapporte que la transcription en fut achevée le 14 août 1355 : « Ci fenist l'Apocalipse et tout le Nouvel Testament, et fu escript l'an de grace mil IIIc LV, la veille de Nostre-Dame mi aoust. » (1).

D'après cette date, comme nous l'avons déjà dit, il ne serait pas impossible que ce volume fût précisément la bible donnée à la duchesse de Bourgogne, en 1381, par Charles VI. Cependant, il n'y a aucune preuve à cet égard.

Le manuscrit 9634-9635, de Bruxelles contient vingt-quatre miniatures, à fond d'or ou diaprés, ou quadrillés, parfois losangés à fleurs de lis. Ces miniatures sont contemporaines de l'écriture du texte. Elles sont encore traitées dans le style purement français, sans influence étrangère, qui est principalement celui de l'école parisienne sous les deux premiers Valois, de 1326 à 1360 environ. Quoique fines d'exécution, elles ne présentent pas de valeur spéciale pour l'histoire de l'art.

XI

« Item ung autre gros livre nomme la *Bible historiale*, escript en parchemin, de lettre de forme, où il a ou premier feuillet IIII histoires; et se commence ou IIe feuillet : *suyvray le maistre*, et ou derrenier : *me elle fait*, couvert de veluaut vermeil à dix cloux de laton dorez, et II fermouers d'argent, semblablement dorez. » (Inventaire de 1420, fº 159 *b*. du ms., article nº 86.)

Cette bible historiale devait être un somptueux manuscrit, les reliures de velours et les fermoirs d'argent étant réservés dans la bibliothèque des ducs de Bourgogne aux livres de luxe. Une hypothèse assez vraisemblable, dont nous avons déjà parlé, c'est que cette bible serait celle achetée à Jacques Raponde en 1400 [notre nº II]. Les descriptions de reliures se ressemblent beaucoup. Les deux manuscrits étaient semblablement couverts d'une étoffe cramoisie ou vermeille, avec des fermoirs d'argent doré. Dans un cas, il est vrai, l'étoffe est qualifiée de drap et dans l'autre de velours. Mais c'est là une bien mince différence qui peut tenir à une distraction du rédacteur. Peut-être arriverait-on à préciser les choses, si l'on pouvait examiner le manuscrit même décrit si soigneusement dans l'inventaire de 1420. Malheureusement la trace certaine de ce volume se perd à partir de cette époque. Il ne figure pas sur les grands inventaires de Flandre publiés par Barrois. Cela donne à penser qu'il devait être resté en Bourgogne et s'y trouver encore à l'époque de la mort de Charles-le-Téméraire, et, par suite, que cette bible est probablement une des deux qui furent saisies à Dijon en 1477, comme nous le dirons plus bas. En tout cas, les efforts que j'ai fait pour tenter de retrouver ce volume égaré à travers les différentes grandes bibliothèques d'Europe sont jusqu'ici demeurées sans résultat. Mais on peut encore compter sur un heureux hasard.

XII

« Item ung autre grant livre nommé *la Bible en françois*, couvert de cuir vermeil, commencant ou IIe fueillet : *les epistres de saint Pol toutes*, et ou derrenier : *tel et suivent les traces.* » (Inventaire de 1420, fº 160 *b*., article nº 155.)

Ce manuscrit réapparait dans l'inventaire de Flandre, dressé après l'avènement de Charles-le-Téméraire, vers 1477.

« Une autre bible en françois, en parchemin couvert d'ais rouges: commençant au second feuillet : *les epistres* et au dernier feuillet : *et suivent les trasses.* » (Inventaire de Bruges, vers 1467. — Barrois, p. 123, nº 708; et p. 173, nº 1154.)

On perd ensuite complètement sa trace. Tout ce que nous pouvons dire c'est que d'après les mots qui commençaient le dernier feuillet, cet exemplaire, comme d'ailleurs le précédent, comprenait le texte entier de la Bible historiale.

XIII

« Item une autre Bible en françois, couverte de cuir vermeil, commençant ou IIe fueillet : *de la generacion Adam*, et ou derrenier fueillet : *tendre parer qu'il est.* » (Inventaire de 1420, fº 160 *b*., article 156.)

Il en est de ce manuscrit comme de notre nº XI. On ne le rencontre pas mentionné dans les grands inventaires de Flandre publiés par Barrois. Il semble donc être resté aussi en Bourgogne, et ce peut être la seconde des deux bibles qui furent saisies en 1477 à Dijon (Voir plus loin nos nºs XX et XXI). Quoi qu'il en soit, ce manuscrit est également de ceux qui ne sont pas encore retrouvés.

Dans l'inventaire de 1420, on pourrait être surpris de ne voir aucune indication d'un autre manuscrit de bible française, qui cependant appartenait déjà sûrement à la maison de Bourgogne et qui est toujours resté sa propriété: je veux parler de la belle bible acquise de Jean Chousat en 1415. Mais l'anomalie n'est qu'apparente. En relisant les pièces comptables relatives à l'achat de 1415, on en trouve l'explication. Le manuscrit a bien été payé par ordre de Jean-Sans-Peur : mais c'est la duchesse Mar-

(1) Cf. Samuel Berger, *La Bible française*, p. 423. — Le ms. nº 9634-9635 de Bruxelles renferme, fºs 13-21, une table qui parait provenir d'un autre volume, quoique il y ait une grande similitude d'écriture. Peut-être est-ce un débris du tome I de l'exemplaire. Peut-être aussi le fragment n'a-t-il été rapproché qu'après coup, par une erreur du reliure.

MINIATURE RENFERMANT UN PORTRAIT DE PHILIPPE-LE-HARDI, DUC DE BOURGOGNE

(Grandes Heures du Duc de Berry. — Bibl. Nat., Ms. latin 919)

guerite de Bavière qui le désirait et c'est elle qui l'a gardé. Or. Marguerite de Bavière avait une petite bibliothèque distincte de celle de son époux. A la mort de Jean-Sans-Peur, elle a continué à conserver ses livres, et il est ainsi tout naturel que la bible de Jean Chousat ne soit pas inscrite sur l'inventaire de 1420.

En revanche, la duchesse Marguerite de Bavière étant morte à son tour le 23 janvier 1424, on doit s'attendre, si un inventaire des meubles de la princesse a été dressé à la suite de son décès, à voir apparaître dans cet inventaire un manuscrit répondant à la susdite bible de Jean Chousat. C'est ce qui a eu lieu, en effet. L'inventaire de la duchesse Marguerite de Bavière fut commencé à Dijon le surlendemain de sa mort, 25 janvier 1424 (1423 ancien style), comprenant tous les objets mobiliers que la défunte possédait tant à Dijon même, dans le palais des ducs, qu'à Auxonne et à Rouvre. Dans cet état, nous lisons la mention suivante, qui réalise ce que nous pouvions, en quelque sorte, prédire sûrement.

XIV

« Item, ung livre de la Bible entiere, qu'est bien historié et escript, à fermaulx d'argent dorez » (1).

Par un excès de prudence, et comme on pourrait dire à la rigueur qu'il n'y a pas certitude absolue, nous classons cette indication sous un numéro à part. Mais d'après les considérations énoncées ci-dessus et étant donné, en outre, que les renseignements matériels concordent parfaitement « bible entière — livre bien historié et écrit — à fermoirs d'argent doré », nous ne croyons pas possible de douter que cette bible inscrite sur l'inventaire de Marguerite de Bavière ne soit bien l'exemplaire acheté en 1415 à Jean Chousat.

Sixième Section.

Renseignements fournis par les grands inventaires de Flandre dressés vers 1467, en 1485 et en 1487

De la mort de Jean-Sans-Peur en 1419 et de la mort de sa veuve en 1424, nous passons au décès de leur fils et héritier, le duc Philippe-le-Bon, et à l'avénement du successeur de celui-ci, le duc Charles-le-Téméraire, c'est-à-dire au 15 juin 1467.

Les destinées de la bibliothèque des ducs de Bourgogne, aux différentes époques, reflètent quelque chose de l'histoire des ducs de Bourgogne.

Le fondateur de la race, Philippe-le-Hardi, est encore avant tout un prince de sang royal de France, prenant une grande part au gouvernement du royaume. Il réside beaucoup à la Cour. Celui-ci avait ses livres à Paris ; car c'est là que nous les avons vus inventorier en 1404.

Les choses se modifient déjà avec Jean-Sans Peur. Sans doute, lui encore est intimement mêlé à la direction des affaires politiques en France. Mais, à Paris même, il se trouve en lutte avec ses adversaires, les d'Orléans et le parti Armagnac. Il doit s'appuyer sur ses états héréditaires. A sa mort, la bibliothèque ducale n'est plus dans la capitale du royaume. C'est à Dijon qu'on en dresse le catalogue, en 1420.

(1) Peignot, *op. cit.*, p. 82.

Sous Philippe-le-Bon enfin, le théâtre principal de la vie du duc change encore. Ce n'est plus ni Paris, ni même la Bourgogne : c'est désormais la Flandre et les régions voisines où Philippe mène, dans ces contrées prospères du nord, cette existence si fastueuse, souvent célébrée. La bibliothèque de la Maison de Bourgogne est, en conséquence, transportée en Flandre, où elle est très notablement accrue par d'importantes commandes ou acquisitions de nouveaux manuscrits.

Cependant tous les volumes de la collection ducale ne prirent pas le chemin de la Flandre. Une certaine quantité continuèrent à rester à Dijon, au Palais des ducs, dans une tour, que l'on appelait même la tour de la librairie.

Par suite, à l'époque de Charles-le-Téméraire, nous nous trouvons avoir à nous occuper de deux séries : d'une part la portion de la bibliothèque conservée en Flandre, et d'autre part les livres demeurés à Dijon.

Pour la bibliothèque de Flandre, nous avons comme guides les grands inventaires publiés par Barrois, dont nous nous sommes déjà plusieurs fois utilement servis. L'un de ces inventaires remonte à l'avènement de Charles-le-Téméraire, après la mort de Philippe-le-Bon. Suivant Barrois, il aurait été dressé à Bruges vers 1467. D'après un document signalé par Pinchart (1), il serait plus exact de le considérer comme exécuté à Lille au mois de février 1468. La question pour nous n'a pas d'importance ; et, pour plus de clarté, nous continuerons à suivre la désignation de Barrois, c'est-à-dire celle d'inventaire de Bruges vers 1467. Les inventaires suivants de Barrois sont ceux dressés à Gand en 1485, à Bruxelles en 1487, et un supplément pour Bruges, auquel il semble qu'on puisse attacher la date de 1504. Tous ces inventaires s'appliquent à la même série de volumes, et nous pouvons les utiliser sous une seule section dans notre travail.

Dans ces inventaires de Flandre, publiés par Barrois (2), figurent, mentionnons-le pour rappel, quatre des manuscrits dont nous nous sommes déjà occupés et sur lesquels nous ne reviendrons pas : la « belle bible historiée du duc de Bourgogne » [notre n° IV], la bible achetée en 1415 à Jean Chousat [notre n° IX], enfin deux des quatre bibles françaises, citées dans l'état de 1420 [nos n[os] X et XII].

Nous y voyons, en outre, apparaître pour la première fois d'une manière certaine :

XV

La seconde des bibles jadis admirées par le marquis de Laborde, qui ont été le point de départ de notre étude,

(1) *Bulletin des commissions royales d'art et d'archéologie* [Belgique], t. IV, p. 491, en note.

(2) De même que pour l'inventaire de 1420, nous devons ici laisser de côté, sans reparler des volumes déjà signalés plus haut (p. 13, note 1), certains manuscrits apparaissant pour la première fois dans les grands inventaires de Flandre, publiés par Barrois, qui ne renfermaient que telle ou telle partie désignée de l'Ecriture, toutes du Nouveau Testament : les Evangiles (Barrois, 807); les Epîtres et l'Apocalypse (Barrois, 805 = 1980 ; 866 = probablement 2164); l'Apocalypse (Barrois, 754, 808, 2072 [en images], 2272). Bien entendu aussi, nous écartons les livres liturgiques donnant les épîtres et les évangiles des messes de l'année (Barrois, 810, 843 = 1977, 845 = 1978).

c'est-à-dire les deux volumes portant aujourd'hui les nos 9001 et 9002 à la Bibliothèque royale de Bruxelles et dont nous avons donné précédemment la description.

Enfin, nous y trouvons encore catalogués quatre autres bibles françaises, à savoir :

XVI

« Une autre bible en françois, en parchemin couvert d'ais vert ; commançant au second feullet : *Douleur et seras*, et au dernier feullet : *Babylone Nabusardan.* » (Inventaire de Bruges, vers 1467, — Barrois, p. 125, no 709, et p. 173, no 1155.)

Cette bible réapparaît en 1487 :

« Ung autre volume couvert de cuir grisâtre, à deux cloans de leton, intitulé : *La Bible en françois*, quenenchant ou second feuillet : *Douleur et seras soubz la puissance de l'ome*, et finissant ou derrenier : *et transporte les royaulmes et les ordone.* » (Inventaire de Bruxelles, 1487 — Barrois, p. 280, no 1962.)

On suit encore la trace de cette bible dans la bibliothèque de Bruxelles jusqu'en 1731 (1). Depuis lors, elle est égarée.

XVII

« Ung autre grant livre en parchemin couvert d'aisselles blanches bien clars, intitulé en dehors : *Des Paraboles Salomon et de plusieurs prophéties*, commançant au second feuillet : *Ne cuide mie estre saige*, et au dernier : *sont trespassez.* » (Inventaire de Bruges vers 1467, — Barrois, p. 140, no 850.)

Il s'agit ici d'un tome II de bible française, les Paraboles de Salomon, ou Proverbes, formant, par tradition, la coupure dans les exemplaires en deux volumes. L'inventaire de 1487 ajoute un détail intéressant sur la reliure de cette bible.

« Ung autre grant volume couvert de cuir blanc, à tout deux clouans et cincq boutons de leton doré aux armes de Haynau et de Bavière, historié et intitulé : *Ce livre parle des Paraboles de Salomon et de pluiseurs prophètes*, commenchant ou second feuillet : *ne cuide mye estre sage*, et finissant ou derrenier : *Jesus-Christ soit autour nous Amen.* » (Inventaire de Bruxelles, vers 1487, — Barrois, p. 253, no 1770.)

Cette indication que l'on trouvait, sur les détails de la reliure, les armes de Hainaut et de Bavière nous laisse entrevoir jusqu'à un certain point la manière dont ce tome II d'une bible avait dû entrer dans la bibliothèque des ducs de Bourgogne. A la rigueur, Philippe-le-Bon aurait pu le tenir de sa mère, la duchesse Marguerite de Bavière, elle-même fille d'Albert de Bavière, comte de Hollande et de Hainaut. Mais il est plus probable que ce volume était venu à Philippe-le-Bon de sa cousine-germaine, Jacqueline de Bavière, comtesse de Hainaut. On sait que cette princesse, dernière représentante de la Maison de Bavière-Hainaut Hollande, céda tous ses états au duc de Bourgogne en 1433, trois ans avant de mourir sans postérité, en 1436.

(1) No 47 de l'inventaire de Franquen, après l'incendie du palais de Bruxelles, 1731 (précédemment no 152 de l'inventaire de Viglius, 1577). — Marchal, *Catalogue des Manuscrits de la Bibl. royale des ducs de Bourgogne*, t. I, p. CCLIV et CCLXXXV.)

Les Bibles françaises des ducs de Bourgogne

Manuscrits de luxe

EXÉCUTÉS POUR

DES PRINCES ET DES GRANDS SEIGNEURS FRANÇAIS

(Notes et Monographies)

(Suite)

Quoi qu'il en soit, la reliure aux armes de Hainaut et de Bavière était certainement moins ancienne que le manuscrit qu'elle recouvrait. La date d'exécution de celui-ci remontait, en effet, jusqu'à la fin du XIIIe siècle, époque antérieure au mariage qui fit passer la Hollande et le Hainaut à une branche de la Maison de Bavière. On peut en juger sur le volume même, qui se trouve encore aujourd'hui conservé à Bruxelles, n° 10516 de la Bibliothèque royale, ayant perdu sa vieille couverture, mais sûrement reconnaissable d'après les premiers mots du second et du dernier feuillet.

Ce volume, de format petit in-folio (340 millimètres sur 220) et écrit à 2 colonnes, renferme comme texte ce qu'il faut appeler, d'après M. Samuel Berger, « la bible du XIIIe siècle ». Il est illustré de 50 miniatures sur fonds d'or ou de couleur, placées dans les colonnes, traitées dans le style français des dernières années du XIIIe siècle, mais très faibles comme art (1).

XVIII

« Ung autre livre en parchemin couvert d'aisselles blanchastres, intitulé au dehors : *Paraboles Salmon;* comançant au second feuillet : *furent devant toy*, et au dernier *: et celui qui seoit.* » (Inventaire de Bruges, vers 1467. — Barrois, p. 140, n° 851)

Ce volume est encore mentionné en 1487 :

« Ung autre grant volume couvert de cuir blanc, à tout deux clonans et cincq boutons de leton sur chacun costé, historié et intitulé : *Les Paraboles de Salomon ;* comenchant ou second feuillet : *fuient devant toy*, et finissant ou derrenier : *soit o vous tous. Amen.* » (Inventaire de Bruxelles, 1487. — Barrois, p. 258, n° 1800.)

On voit qu'il s'agissait également ici d'un tome II, commençant aux Paraboles ou Proverbes. Ce tome II est encore catalogué comme se trouvant à Bruxelles, dans un inventaire dressé, en 1577, par Viglius (2). Il disparait ensuite. C'est malheureusement tout ce que nous savons du manuscrit.

XIX

La série se termine par un manuscrit qui n'est aussi qu'une moitié de bible, mais cette fois un tome Ier. Ce manuscrit, comme le précédent, est cité successivement dans l'inventaire remontant à l'avènement de Charles-le-Téméraire, vers 1467, et dans celui dressé à Bruxelles en 1487.

« Ung autre livre en parchemin couvert d'ais ronges, intitulé au dehors : *Le Viel Testament* contenant la moitié de la Bible; comançantau second feuillet : *Chacuns homs*, et au dernier : *den*

(1) Voir sur ce manuscrit : Samuel Berger, *La Bible française*, p. 423.

(2) N° 173 de l'inventaire de Viglius. — Marchal, *Catalogue des Manuscrits*, etc., t. I, p. CCLIV.

en harpe. » (Inventaire de Bruges, vers 1467. — Barrois, p. 126, n° 732, et p. 217, n° 1517.

« Ung autre grant volume couvert de cuir rouge, à tout deux cloaus et quatre boutons sur chacun costé, historié et intitulé : *Le viel Testament, contenant la moitié de la Bible;* comenchant ou second feuillet : *Chascuns homs a eu ses oeveres*, et finissant ou derrenier : *qui a esprit loe nostre Seigneur. Amen.* » (Inventaire de Bruxelles, 1487. — Barrois, p. 248, n° 1729.)

Comme le précédent, également, ce dernier manuscrit est porté en 1577 sur l'inventaire de Bruxelles, dressé par Viglius (1), puis sa trace se perd à dater de cette époque.

SEPTIÈME SECTION.

Renseignements fournis par l'inventaire de Dijon en 1477.

Il ne nous reste plus à parler que des manuscrits de la bibliothèque ducale restés en Bourgogne. Ceux-ci se trouvaient toujours à Dijon « en la maison du duc », c'est-à-dire au palais, lorsque Charles-le-Téméraire fut tué devant Nancy, le 6 janvier 1477. Aussitôt que le roi Louis XI apprit cette mort, il s'empara du duché de Bourgogne, y nomma comme gouverneur Georges de la Tremoïlle, sire de Craon, et donna à celui-ci, « dans l'ivresse de sa joie » affirme Peignot, tous les meubles et joyaux du feu duc qui pouvaient se trouver au palais de Dijon. Comme conséquence, on dressa, sur l'ordre de Georges de la Trémoïlle, pour la Chambre des comptes du roi, un inventaire de ces meubles, commencé sur place le 16 mars 1477 (1476 ancien style). Les livres étaient compris dans la saisie. Ils furent donc portés sur l'inventaire en question; et, parmi eux, sont cataloguées deux bibles françaises :

XX

« Une Bible en françois escripte en parchemin. »

XXI

« Une Bible en françois, toute ystoriée. » (2).

En présence de renseignements aussi courts, il est impossible de proposer d'identification. Nous pouvons faire cependant remarquer que l'état de 1420 signale, comme existant alors à Dijon, quatre bibles françaises. De celles-ci, il ne paraît y en avoir que deux seulement [nos n^{os} X et XII] qui aient été transportées en Flandre sous Philippe-le-Bon. Les deux autres [nos n°s XI et XIII] ont donc dû rester à Dijon. Ne seraient-ce pas celles-ci, comme nous l'avons déjà suggéré, qui furent saisies par ordre du roi en 1477 ?

Peignot fournit quelques renseignements sur le sort ultérieur des manuscrits inventoriés à Dijon. « Nous venons de voir, dit-il, que le roi Louis XI, dans l'excès de la joie que lui causa le trépas du duc Charles, avait donné à Georges de la Trémoïlle, sire de Craon, son gouverneur en Bourgogne, tous les meubles et joyaux du feu duc, qui existaient dans le palais ; or, les livres faisant partie des joyaux sont donc devenus la propriété de Georges de la Tremoïlle. De là, ils sont passés dans la bibliothèque de M. Guy de Rochefort, nommé premier président au Parlement de Bourgogne en 1482, et mort en 1507; mais

(1) N° 153 de l'inventaire de Viglius. — Marchal, t. I, p. CCLIV.)

(2) Peignot, *op. cit.*, p. 98, 85 et 95.

ces livres sont restés dans sa famille jusqu'en 1623, époque où ils furent adjugés à MM. Gagne, seigneurs de Perrigny. Après la mort de M. Antoine-Bernard Gagne de Perrigny, président à mortier au Parlement, décédé le 23 juin 1616, M. Laureau fit l'acquisition de cette précieuse collection, et ensuite la revendit à M. de Lamarche père, nommé premier président au Parlement en 1743. Enfin, celui-ci étant mort, ses livres furent vendus et disséminés par adjudication ; quelques-uns furent acquis par le célèbre bibliophile, M. le duc de la Vallière, d'autres par M. de Pont de Vesle, et une partie passa à la bibliothèque du roi. Tel fut le sort des ouvrages qui formaient la librairie ou bibliothèque que les ducs et duchesses de Bourgogne avaient possédée dans cette province » (1).

Nous laissons à Peignot la responsabilité de ces indications. Tout ce que nous pouvons dire, c'est que, si les manuscrits de Dijon ont eu en réalité les destinées qu'il indique, il ne semble pas que les deux bibles françaises saisies en 1477 aient fait partie ni du lot qui aurait été acquis par le duc de La Vallière, ni de celui qui serait passé à la bibliothèque du roi.

Nous devrions nous arrêter ici, d'après les limites de notre sujet. Mais les grands inventaires de Flandre publiés par Barrois mentionnent encore cinq volumes dans le titre desquels entre le mot *Bible*. A la vérité, ce sont là des manuscrits tout différents de ceux dont nous avons à nous occuper ici, ne rentrant plus dans la catégorie de ce que l'on peut appeler des « bibles françaises », même en donnant à ce terme la plus grande acception possible, et en poussant les choses jusqu'à y comprendre le type de la « bible historiée ». Cependant, pour éviter toute chance de confusion dans l'avenir, comme tout reproche d'être demeuré incomplet, il nous paraît utile de dire au moins quelques mots des cinq volumes en question. Ceux-ci doivent naturellement être classés hors de notre série générale. Ces cinq volumes figurent tous également, et dans l'inventaire contemporain de l'avènement de Charles-le-Téméraire et dans l'inventaire de 1487.

A

« Ung autre grant livre en parchemin couvert d'ais vermeilles, intitulé au dehors : *Cronique de la Bible et des Fais des Romains* ; comançant au second feullet : *eussent la poisseté et la segnorie*, et au dernier feullet : *piez et massisse.* » (Inventaire de Bruges, vers 1467. — Barrois, p. 123, n° 710, et p. 172, n° 1156.)

« Ung grant volume en parchemin couvert de cuir rouge, intitulé : *Cronicque de la Bible et des Faitz des Romains* ; comenchant ou second feuillet : *eussent la poisté et la seigourie*, et finissant : *à bonne fin. Amen.* » (Inventaire de Bruges, 1504. — Barrois, p. 310, n° 2189.)

Ce manuscrit est encore aujourd'hui à Bruxelles, n° 9104 de la Bibliothèque royale. C'est une chronique universelle. L'exemplaire, au point de vue matériel, rentre dans une catégorie signalée par M. Delisle, de grands volumes où le texte est disposé sur trois colonnes, que l'on a exécutés dans le nord de la France pendant la première moitié du XIVe siècle.

(1) Peignot, *op. cit.*, p. 100-101.

B

« Ung autre livre en parchemin couvert d'ais noirs à grans cloutz, intitulé au dehors : *Cy comance le premier livre de la Bible moraliset, translatée de latin en françois* ; comançant au second feullet : *naturiens*, et au dernier : *le temps si est.* » (Inventaire de Bruges vers 1467. — Barrois, p. 125, n° 721, et p. 215, n° 1506.)

« Ung autre grant volume couvert de cuir noir à tout deux cloans et cincq boutons de léton sur chacun costé, historié et intitulé : *Le premier livre de la Bible moralisée* ; comenchant ou second feuillet : *naturiens dont saint Gregoire*, et finissant ou derrenier : *qui est benoit perdurablement. Amen.* » (Inventaire de Bruxelles vers 1487 — Barrois, p. 247, n° 1726.)

Le terme de *bible moralisée* employé dans ces deux paragraphes est parfois appliqué, nous l'avons dit, aux manuscrits du type de la bible historiée. On pourrait donc être exposé à croire qu'il s'agit d'un volume de ce genre. Mais, M. Delisle a déjà reconnu que le mot : *Naturiens*, qui commençait le second feuillet est étranger au texte dont « la belle bible historiée du duc de Bourgogne », c'est-à-dire le manuscrit français 167, nous donne un excellent exemplaire (1). D'autre part, dans le volume en question, la part faite aux images était infiniment moins grande. L'artiste chargé de l'illustrer n'avait eu, en effet, à y peindre que vingt histoires ou miniatures, dont treize petites (2).

Ce premier livre de la bible moralisée est aujourd'hui égaré, mais une partie du second, livre continuant l'ouvrage et comprenant l'Exode, se trouve à la Bibliothèque royale de Bruxelles, en tête du manuscrit portant les n°s 9030-9036 (3). Les extraits de comptes de la Maison de Bourgogne jadis publiés par le marquis de Laborde nous apprennent que le texte de la bible moralisée avait été copié par « le clerc escripvain » Yvonnet le Jeune, qui fut paié de son travail en 1468 ; et que les vingt images du premier volume étaient l'œuvre de Loyset Lyedet, un des enlumineurs habituellement employés par Philippe-le-Bon (4). Quant au manuscrit de Bruxelles qui comprend le second livre de cette bible moralisée, il a été décoré plus tardivement, seulement pour Charles-le-Téméraire dont il porte les armoiries et devise (5).

C

« Ung autre livre en parchemin couvert d'ais blans, intitulé au dehors : *l'Ymage du Monde et de la Bible* en françois ; comançant au second feuillet : *Doulx Jhésus*, et au dernier : *fiat voluntas tua.* » (Inventaire de Bruges vers 1467. — Barrois, p. 132, n° 778.)

(1) *Livres d'images*, etc., p. 240.

(2) Ceci résulte d'un des extraits de comptes publiés par le marquis de Laborde, dont il va être question un peu plus bas.

(3) Le ms. 9030 de Bruxelles débute par ce titre écrit en rouge : « Cy commence le second livre de la Bible moralisiée, qui est de l'yssue des enfans d'Israël hors de Egypte pour aller en la terre de promission ».

(4) *Les Ducs de Bourgogne*, t. I., p. 501-502, n°s 1954 à 1958 et 1964. L'article relatif aux 20 miniatures de Lyedet (n° 1954), étant données la date et les indications de reliure, ne peut s'appliquer qu'au premier livre, le seul alors dans la bibliothèque ducale.

(5) Les miniatures de ce manuscrit 9030-9036 de Bruxelles sont dans le caractère des œuvres de jeunesse d'Alexandre Bening, l'enlumineur qui eut une si grande part à la formation de l'école qu'on peut appeler Ganto-Brugeoise, ainsi que nous l'avons jadis établi dans un autre travail (*Alexandre Bening et les peintres du bréviaire Grimani* ; extrait de la *Gazette des Beaux-Arts*, juin et août 1891.)

BIBLE HISTORIÉE AVEC PEINTURES ATTRIBUÉE AUX FRÈRES DE LIMBOURG

(Bibl. nationale, Ms. français 166, f° 3 verso. — Légère réduction.)

« Ung autre couvert de cuir rouge, à deux cloans et cincq boutons de leton sur chacun costé, intitulé : *l'Ymage du monde, et la Bible en franchois;* començant ou second feuillet, *Doulx Jhesus, voire sapience,* et finissant ou derrenier : *in secula seculorum. Amen.* » (Inventaire de Bruxelles vers 1487. — Barrois, p. 353, n° 2145.)

Il s'agit ici d'un recueil de divers écrits. Ce recueil est encore à Bruxelles, catalogué sous les n°s 10574 à 10585 de la Bibliothèque royale. Ce volume ne contient pas d'images.

D

« Ung autre livre en parchemin couvert d'ais blans, intitulé au dehors : *Ce livre est en maniere de Bible*; comançant au second feuillet : *Ne le devoit pas,* et au dernier : *bonne entre nuyt.* » (Inventaire de Bruges vers 1467. — Barrois, p. 132, n° 779.)

« Ung autre volume couvert de cuir grisâtre, à deux cloans d'argent, historié et intitulé : *Ce livre est en manière de Bible;* quemenchant ou second feuillet : *Ne la devoit pas tuer,* et finissant ou derrenier : *come ancien droit le vouloit.* » (Inventaire de Bruxelles vers 1487. — Barrois, p. 280, 1953.)

E

« Ung autre livre en parchemin couvert de cuir blanc, intitulé au dehors : *Cy sont aucuns livres de la Bible et les Vies de plusieurs sains*; comançant au second feuillet après la table : *Noés fut dedens l'arche,* et au dernier : *aler oultre mer.* » (Inventaire de Bruges vers 1467. — Barrois, p. 125, n° 723, et p. 216, n° 1508.)

« Ung autre grant volume couvert de cuir blanc, à tout ung cloaut d'argent, armoyé d'ung lyon rouge, et à tout cincq boutons de leton sur chacun costé, historié et intitulé d'ung costé : *Dic es l'boec van Vellenboerch,* et de l'autre costé : *ce sont aucuns livres de la Bible, et la vie de plusieurs sains;* comenchant ou second feuillet : *Glorieux bonne eurée,* et finissant ou derrenier : *pour lettre de Dieu pour noz pères.* » (Inventaire de Bruxelles, 1487. — Barrois, p. 247, n° 1728.)

Ces deux derniers volumes restent à retrouver ; mais les renseignements fournis, tels que les phrases du texte, sont suffisants pour prouver que, ni dans un cas ni dans l'autre, il ne s'agissait de véritables manuscrits bibliques.

Nous voici arrivés à la fin de notre enquête générale sur l'ensemble des bibles françaises, y compris les manuscrits du type de la bible historiée, qui ont été possédés par les ducs de Bourgogne. Cette enquête a touché bien des points intéressants. Elle nous renseigne, entre autres notions acquises, sur la place que la bible française a tenue dans la composition de la bibliothèque ou librairie des ducs de Bourgogne. M. Samuel Berger a parfaitement montré combien ce genre de manuscrits eut de vogue dans notre pays, au XIVe et au XVe siècles. C'était un de ceux dont la présence était en quelque sorte obligée dans toute grande bibliothèque princière. Philippe-le-Hardi et ses successeurs n'ont pas manqué à cette tradition.

Notre liste, en effet, comprend 21 articles distincts. Il est vrai qu'il y a certainement des doubles emplois dûs à l'extrême prudence dont nous ne nous sommes pas départis, ne groupant jamais des indications d'archives sous une même rubrique, que lorsqu'il était absolument évident que ces indications s'appliquaient aux mêmes volumes. Dès qu'il y avait le moindre doute, une distinction a été faite. Nous avons indiqué, chemin faisant, les relations qui nous paraissaient très probables de plusieurs de nos articles les uns avec les autres. Même en tenant compte, dans la plus large mesure, de la possibilité de ces doubles emplois, nous pouvons toujours constater l'existence dans la librairie des ducs de Bourgogne, d'un minimum de dix bibles françaises proprement dites, les manuscrits du type de la bible historiée étant mis à part.

Sur ces dix manuscrits de Bibles françaises, quatre sont encore à la bibliothèque royale de Bruxelles :

La bible acquise en 1415 de Jean Chousat [notre n° IX, et sans doute aussi n° XIV] : n°s 9024 et 9025 de Bruxelles. — La bible en deux volumes, la plus belle de toutes [notre n° XV] : n°s 9001 et 9002 de Bruxelles. — La bible (tome II) achevée de copier en 1355 [notre n° X, qui pourrait être aussi le n° I, et l'un des n°s VII ou VIII] : n°s 9634-9635 de Bruxelles. — La bible (tome II) jadis reliée aux armes de Hainaut et de Bavière [notre n° XVII] : n° 10516 de Bruxelles.

Quant aux six autres volumes, il en est deux dont on perd la trace à Dijon : notre n° XI [pourrait être aussi n° II, n° VII ou VIII, et n° XX ou XXI], et notre n° XIII [pourrait être n° XXI ou XX]; un autre qui disparaît en Flandre après l'avénement de Charles-le-Téméraire : notre n° XII ; et trois qui s'égarent après être restés à Bruxelles jusqu'en 1577 au moins pour deux d'entre eux : nos n°s XVIII et XIX, et jusqu'en 1731, pour le dernier : notre n° XVI.

Mais sur ces six manuscrits aujourd'hui égarés, nous possédons des notions précises, telles que l'indication des premiers mots du second et du dernier feuillet, et, grâce à ces éléments de référence, nous pouvons ne pas désespérer de les retrouver.

Enfin les ducs de Bourgogne ont encore possédé, ou fait exécuter, peut-être trois, et sûrement au moins deux volumes à images du type de la bible historiée ou moralisée : l'un est « la belle bible historiée du duc de Bourgogne », passée depuis à la maison de Bourbon, et formant le ms. français 167 de la Bibliothèque nationale [notre n° IV] ; l'autre est le mystérieux manuscrit qui fut donné au duc de Berry [notre n° VI], avec lequel se confondrait peut-être notre n° V].

Notre enquête ne nous a malheureusement rien donné de nouveau sur la question de l'origine de la bible française en deux volumes qui constitue les n°s 9001 et 9002 de la Bibliothèque royale de Bruxelles.

Pour en revenir plus particulièrement, en terminant, à ces deux volumes, nous pouvons essayer, en dehors des documents d'archives, de demander encore quelques éclaircissements à la comparaison avec d'autres manuscrits. Si cette comparaison ne nous explique pas comment la bible est entrée dans les collections de Bourgogne, elle pourra nous renseigner peut-être sur les miniaturistes qui y ont travaillé, et surtout sur le seul qui mérite notre attention, sur l'auteur de « l'Arbre de Jessé » et des autres grandes peintures.

A cet égard, le champ s'élargit bien vite. On peut, en effet, citer plusieurs volumes contenant des miniatures absolument semblables de style, de sentiment et de facture, et par conséquent susceptibles d'être attribuées au même maître.

L'un des plus beaux manuscrits de ce genre est un célèbre exemplaire du *Livre de la Chasse*, par Gaston Phébus, possédé par la Bibliothèque nationale (ms. français 616). Mais ce manuscrit n'avance pas la question. Il présente bien, comme l'a dit M. Delisle, le caractère de plusieurs des manuscrits du duc de Berry ; cependant rien n'est certain quant à son origine première.

Une autre miniature appartenant à la même série est déjà plus suggestive, à notre point de vue. Cette miniature se trouve peinte sur un des feuillets des *Grandes Heures du duc de Berry*, à la Bibliothèque nationale (ms. latin 919), la seule de cette main qui soit dans le volume tel que nous le possédons aujourd'hui, avec les graves mutilations qu'il a subies au cours des siècles. Cette miniature, que nous reproduisons (1), représente le duc de Berry introduit au Paradis par saint Pierre. Derrière le duc est un groupe de personnages ; parmi ceux-ci apparaît au dernier plan la tête d'un vieillard rasé, coiffé d'une sorte de chapeau ou mortier noir, dont le profil très caractérisé est un superbe portrait; et ce portrait, chose curieuse, autant qu'on peut le vérifier d'après d'autres monuments contemporains, semble bien être précisément celui du duc de Bourgogne, Philippe-le-Hardi.

Le duc de Berry pourrait parfaitement avoir eu lui-même l'idée de faire introduire dans un de ses livres d'heures l'image de son frère. Mais ne serait-ce pas aussi l'auteur de la miniature qui aurait eu spontanément cette pensée, et ne faudrait-il pas voir dans cette particularité le souvenir des relations ayant existé, d'artiste à protecteur princier, entre le duc de Bourgogne et le maître de « l'Arbre de Jessé » et des autres grandes peintures des manuscrits 9001 et 9002 de Bruxelles ?

Mais j'arrive au monument à la fois le plus remarquable par sa beauté, et le plus frappant par son côté documentaire. Il s'agit de deux superbes et grandes miniatures, l'une ayant pour sujet le Calvaire, avec d'assez nombreux personnages, l'autre montrant la figure de Dieu trônant dans sa gloire avec, les quatre évangélistes placés aux angles de la page, qui décorent le canon d'un missel provenant de l'église Saint Magloire à Paris, conservé à la Bibliothèque de l'Arsenal (n° 623).

Ces deux miniatures sont apparentées d'une façon tellement étroite à « l'Arbre de Jessé » du manuscrit 9002 de Bruxelles, que l'on ne saurait se refuser à y reconnaître la même main. Or, on sait exactement la date et l'origine du missel de Saint Magloire. Il fut exécuté sur la commande de maître Jean de la Croix, conseiller et maître des comptes du roi, et de damoiselle Jehanne La Coquatrixe, sa femme, à l'occasion d'une fondation que les deux époux firent au mois d'août 1412, de messes perpétuelles à célébrer à Saint Magloire « en la chappelle de l'Assomption Nostre Dame et de monseigneur saint Eustache qu'ilz y ont fait faire » (2).

Ainsi l'enlumineur de grand talent qui a peint et le canon du missel de Saint Magloire et les plus belles miniatures de notre bible en deux volumes de Bruxelles, était sûrement un artiste travaillant à Paris vers 1412, et déjà alors en pleine possession de son talent.

Nous nous trouvons donc amenés, pour la bible en deux volumes, n°s 9001, 9002, à des conclusions identiques à celles auxquelles nous avait conduits l'étude de la bible acquise par Jean Chousat. Les deux belles bibles françaises des ducs de Bourgogne, que le marquis de Laborde admira jadis à Bruxelles, doivent être considérées, en ce qui concerne leurs plus belles illustrations, comme des productions tout à l'honneur de deux ateliers florissant à Paris de 1400 à 1415. Elles pourront donc désormais être citées par les spécialistes en matière de manuscrits, et par les historiens de l'art, comme des types précis d'une grande importance.

Paul Durrieu.

(1) Voir la planche insérée au n° précédent, p. 133.

(2) Voir la curieuse note relevée sur le manuscrit même, donnée par M. Henry Martin dans son si savant *Catalogue des Manuscrits de la Bibliothèque de l'Arsenal*, t. I, p. 470.

De libie royne de mar

Libie comme dient et afferment les tres anciens aucteurs fut fille de epaphus roy des egipciens. Laquelle il engendra de cassiopie sa femme et la mena a neptum. Cest a dire a un estrange. mais fut trespuissant homme duquel propre nom nest point venu iusques a nous et enfanta de lui busyride qui fut un cruel tyrant de la haulte partie de egipte. De ceste femme les euvres grandes et excellentes sont perdues et oubliees et consumees pour lancienneté delle. Mais toutevoies quelle ait este de tresgrande auctorite et reputacion en son temps nous povons assez prouvablement conclure et coniecturer par ce que une partie daffrique la ou elle regna toute po[ur] la reverence et auctorite delle est nommee libie de son nom.

Cy apres sensuit de marpesie ou marthesie et de lampedone seurs roynes des amazones La rubriche xij.

Marpesie ou marthesie et lampedon seurs furent ensemble roynes des amazones. et pour la noble gloire des batailles se appelerent filles de mars le dieu des batailles. Et car lhistoire delles est estrange po[ur] ce a la declarer il convient co[m]mencer un petit plus hault.

PAGE DU LIVRE DES CLÈRES FEMMES DE BOCCACE, DONNÉ A PHILIPPE-LE-HARDI PAR JACQUES RAPONDE, EN 1403

(Bibl. Nationale, ms. français 12420, f° XVIII verso).

Manuscrits de luxe

EXÉCUTÉS POUR

DES PRINCES ET DES GRANDS SEIGNEURS FRANÇAIS

(Notes et Monographies)

(Suite)

V

SUR QUELQUES MANUSCRITS PARISIENS DES DUCS DE BOURGOGNE PHILIPPE LE HARDI ET JEAN SANS PEUR.

Dans notre précédente étude sur les Bibles françaises des ducs de Bourgogne, nous sommes arrivés à cette conclusion, que les deux beaux manuscrits de la bible historiale jadis admirés par le marquis de Laborde à la Bibliothèque royale de Bruxelles, devaient avoir été illustrés par des artistes travaillant à Paris dans les quinze premières années du xve siècle.

Cette constatation a son prix pour l'histoire générale de la miniature et de l'illustration des livres au Moyen-âge. On sait que, sous Charles VI, Paris a occupé un rang tout à fait à part comme centre d'épanouissement des arts, et particulièrement de l'art de la miniature appliquée aux manuscrits. Il est donc important de déterminer quels sont les manuscrits que l'on peut le mieux citer comme types de production, à cette date, des ateliers parisiens.

Dans cet ordre d'idées, l'ancienne bibliothèque des ducs de Bourgogne peut fournir des exemples encore plus catégoriques que les deux bibles n°s 9001 et 9002, et n°s 9024-9025, de Bruxelles. Cette bibliothèque a renfermé, en effet, plusieurs manuscrits dont l'origine parisienne n'est plus établie seulement par des comparaisons avec d'autres volumes, ou par des raisonnements fondés sur la vraisemblance, mais prouvée d'une manière directe par des documents d'archives.

Dans les comptes de la Maison de Bourgogne, conservés à Dijon dans le riche dépôt des Archives de la Côte-d'Or, on trouve la mention de plusieurs volumes qui ont été acquis à Paris par les ducs Philippe le Hardi et Jean sans Peur. Ces acquisitions se présentent dans des conditions particulièrement intéressantes.

Il arrivait au Moyen-âge, comme de nos jours, que les amateurs achetaient parfois pour leurs librairies des volumes de rencontre, déjà un peu anciens et ayant passé par des collections antérieures. Mais tel ne paraît pas le cas pour ces livres de Philippe le Hardi et de son successeur. Généralement les comptes précisent que ces volumes étaient tout neufs, qu'ils venaient seulement d'être copiés et historiés, c'est-à-dire illustrés, ou même qu'ils avaient été exécutés sur une commande du duc. D'après ces indications, et étant donné en outre que la capitale de la France était alors un des centres les plus actifs pour l'industrie du manuscrit de luxe, on ne peut douter que ces volumes ne sortissent d'ateliers fonctionnant dans la ville même où ils furent livrés aux ducs de Bourgogne, en un mot à Paris.

On a déjà signalé, en les donnant plus ou moins au complet, quelques-uns de ces textes relatifs aux acquisitions de livres faites à Paris par les deux premiers ducs de la seconde Maison de Bourgogne. Mais ces textes, considérés isolément, n'ont qu'une valeur relative. Pour en tirer un parti réellement scientifique, il faut les considérer comme fournissant seulement un point de départ, et, en s'appuyant sur eux, tenter d'aller plus loin, s'efforcer d'établir ce que sont devenus dans la suite les manuscrits auxquels ils s'appliquent, tâcher même d'arriver, autant que la chose est possible, à découvrir quel est le sort actuel de ces volumes.

C'est à des déterminations de ce genre, en étudiant quelques-uns de ces manuscrits parisiens de la librairie de Bourgogne, ceux-ci choisis parmi les plus luxueux, que nous consacrerons ce travail.

Un document nous donnant la certitude que, à telle époque, tel manuscrit de prix est entré à Paris dans les collections ducales, soit par acquisition, soit par don, nous viserons d'abord à suivre ce manuscrit dans les différents inventaires successifs dont nous nous sommes déjà servi pour notre grande enquête sur les Bibles françaises des ducs de Bourgogne. Nous rappelons que ces inventaires sont : ceux de 1404 et 1405, pour les livres du duc Philippe le Hardi et de sa femme Marguerite de Flandre ; ceux de 1420 et de 1425, pour les livres possédés par Jean sans Peur et par sa femme la duchesse Marguerite de Bavière ; enfin les grands inventaires de Flandre publiés par Barrois, et l'inventaire des livres saisis à Dijon en 1477, pour les livres de Philippe le Bon et de Charles le Téméraire. Ces inventaires nous donneront des signalements assez précis des manuscrits en question, pour que nous puissions essayer de les retrouver. La chose n'est pas toujours réalisable : mais dans certains cas nous aurons cette bonne fortune, qu'en regard de la pièce constatant une acquisition de manuscrit par un duc de Bourgogne, à Paris, au commencement du xve siècle, nous pourrons donner la description de ce manuscrit même, identifié d'une façon incontestable avec un livre encore existant.

C'est surtout le fondateur de la seconde Maison de Bourgogne, Philippe le Hardi, qui a contribué à faire entrer des manuscrits d'origine parisienne dans la librairie ou bibliothèque ducale. Nous avons eu l'occasion de dire, dans la précédente étude, que c'était à Paris même que Philippe le Hardi conserva ses livres jusqu'à sa mort, en 1404. Il est donc tout naturel que ce prince se soit adressé aux libraires et aux courtiers de la capitale pour enrichir cette collection. C'est ainsi que déjà il acquit, vers 1377 (1), de Robert Lescuyer, libraire de l'Université de Paris et enlumineur (2), un exemplaire de la Somme le Roy, qu'il faut vraisemblablement reconnaître dans le manuscrit portant aujourd'hui le n° 10320 à la Bibliothèque royale de Bruxelles.

Mais le duc Philippe le Hardi achetait même à Paris

(1) Peignot, *Catalogue d'une partie des livres composant la bibliothèque des ducs de Bourgogne au* xve *siècle*, p. 25.

(2) Sur ce libraire-enlumineur, v. P. Delalain, *Etude sur le libraire parisien du* XIIIe *au* XVe *siècle*, p. 66 et cf. Archives nationales M. 68, n°s 54 et 82.

certains manuscrits qu'il voulait envoyer en Bourgogne, par exemple des livres destinés à la Chartreuse de Champmol, près Dijon. Les Archives de la Côte-d'Or fournissent à cet égard quelques indications typiques. Par exemple, au mois de janvier 1391, il fut payé de par le duc trois francs et demi « à Symonnet de Noiron, voitturier par terre, demourant à Dijon, pour le voitturaige d'un Décret entier, et d'un livre appelé Dictionnaire, en iij volumes ; et pour le reliage d'un poinçon, en quoy le dit Symonnet les a *admenez et charroyez dès Paris jusques en Champmol*, pour l'église des diz Chartreux. » (Archives de la Côte-d'Or, B, 11672, f° 29b).

Philippe le Hardi était, on le sait, le frère de deux bibliophiles de premier ordre, le roi Charles V et le duc de Berry. L'éclat de la renommée de ses deux frères comme amateurs de livres, a quelque peu obscurci la réputation de Philippe le Hardi sous le même rapport, et peut-être ne lui a-t-on pas assigné à cet égard le rang qu'il mérite. Il ne faut pas oublier ce fait signalé par M. Delisle, que lorsque Charles VI monta sur le trône de France, après la mort de Charles V, ce fut le duc Philippe de Bourgogne qui suggéra au jeune roi, son neveu, l'idée de maintenir la librairie du Louvre sur le pied où l'avait mise Charles V. D'autres traits prouvent le goût marqué du duc pour les beaux livres. Déjà nous avons parlé, dans notre étude précédente, de la bible qu'il acheta de Dine Raponde, en 1400, pour le gros prix de 600 écus d'or. Nous l'avons vu également s'assurant pour quatre ans, par de forts gages, en quelque sorte le monopole exclusif du talent des frères Polquin et Jehannequin Manuel, et faisant aussi des dépenses, dont le total a dû être important, pour la bible en latin et en français qu'il destinait au duc de Berry. Sans avoir réuni de collection comparable à celles de Charles V et du duc de Berry, Philippe le Hardi arriva à se constituer au moins un commencement de bibliothèque déjà précieux. A sa mort, indépendamment d'une série importante de superbes livres d'église, il possédait dans sa librairie jusqu'à seize volumes munis dans leur reliure de fermoirs d'argent doré, ce qui n'était ordinairement usité que pour les livres de grand luxe.

Pour se procurer ces livres, quelquefois le duc de Bourgogne traitait directement avec les calligraphes et les miniaturistes. Le meilleur exemple à donner à cet égard est le contrat passé avec les frères Manuel en 1402. Mais vers la fin de son existence, tout au moins, Philippe le Hardi suivit aussi une méthode qui consistait à se servir d'intermédiaires et à avoir des espèces de fournisseurs ou d'entrepreneurs attitrés.

Cette méthode fut d'ailleurs celle de plusieurs autres princes du sang de France à la même époque. Tantôt ces fournisseurs étaient des libraires de profession. Tel est le cas, entre autres, pour Thévenin l'Angevin, libraire de Paris, qui fit exécuter toute une série de manuscrits pour le duc Louis d'Orléans. Tantôt c'étaient plutôt des marchands jouant le rôle de courtiers en librairie. Parmi ceux-ci on peut citer un personnage à la physionomie curieuse, moitié savant, moitié spéculateur en livres, né en Italie dans la ville dont il portait le nom, Pierre de Vérone, mais établi en France et devenu même curé de Mongiscart en Languedoc, qui, d'après son propre témoignage, se mêlait « de aler à l'estude et de gouverner la librairye de monseigneur de Berry ».

Pour le duc de Bourgogne, les fournisseurs principaux en matière de manuscrits furent deux négociants, également Italiens, résidant à Paris, Dine et Jacques Raponde; dont nous avons déjà rencontré les noms dans les documents relatifs aux bibles achetées ou commandées par Philippe le Hardi.

Dine Raponde appartenait à cette catégorie de marchands, originaires de la péninsule, qui trafiquaient à peu près de tout et tenaient en leur main la plus grande partie du commerce en Europe, et que l'on appelait en France des Lombards.

Né à Lucques vers 1350, il était venu de bonne heure se fixer à Paris, ayant également deux autres maisons de commerce, l'une à Montpellier et l'autre à Bruges, ville où il devait mourir en 1414 ou 1415. Par son intelligence il devint peut-être le plus riche Lombard du temps. Son hôtel à Paris, situé rue de la Vieille-Monnaie, était cité comme une des merveilles de la capitale. « Fournisseur du roi, de la Cour et des princes », dit M. Vallet de Viriville, qui a consacré une intéressante notice à ce Dine Raponde, « il leur vendait les riches étoffes de soie, les fourrures précieuses, les joyaux, les curiosités d'outremer, telles que l'ambre, *la corne de licorne*, etc., les livres somptueusement enluminés et reliés et mille autres denrées ou marchandises. Il faisait en outre le commerce des métaux précieux, le change et la banque ». Au besoin, Dine Raponde acceptait les commandes les plus imprévues. Par exemple, en 1387, il fournit à Charles VI, pour un ex-voto, une image en cire, grandeur naturelle, de ce monarque.

Tout en ayant de nombreux clients, Dine Raponde, de bonne heure, s'attacha d'une manière plus particulière à Philippe le Hardi, à qui il prêta à diverses reprises un précieux concours financier. C'est ainsi notamment qu'il contribua, pour une grande part, à faire rendre à la liberté le fils du duc, le futur Jean sans Peur, après que celui-ci eût été fait prisonnier par les Turcs à la bataille de Nicopolis. Philippe le Hardi, de son côté, récompensa le riche marchand en lui donnant les titres de son conseiller et son maître d'hôtel. Quand Philippe le Hardi mourut à Hal lez Bruxelles, ce fut Dine Raponde qui conduisit son corps jusqu'à la sépulture que le duc s'était préparée à la chartreuse de Champmol près Dijon. Dine Raponde resta ensuite dévoué à Jean sans Peur. Il fut même le confident intime de celui-ci au moment particulièrement dramatique de l'assassinat du duc d'Orléans, en novembre 1407.

Quant à Jacques Raponde, qui était vraisemblablement le frère cadet de Dine, lui aussi s'employa pour la Maison de Bourgogne, lui aussi, d'autre part, trafiquait un peu de toutes choses. A l'occasion il vendait des diamants. Nous le verrons surtout ici s'occuper d'affaires de librairie. D'après les documents, Jacques Raponde était plus qu'un courtier de livres; il nous apparaît comme un entrepreneur dirigeant lui-même l'exécution des manuscrits, se mettant en rapport avec les calligraphes, les peintres et les relieurs. Nous rappellerons à ce sujet la pièce de compte que nous avons publiée dans l'étude précédente, et d'où il résulte que c'est précisément par les mains de Jacques Raponde qu'avait été payé, en 1404, à Jacques Cone, à Jacques Stanier et à Hanslein de Haguenau, le prix de leur collaboration à la bible historiée donnée par le duc de Bourgogne au duc de Berry.

Les relations de Philippe le Hardi avec Jacques et Dine Raponde ne se bornèrent pas à des commandes et à des acquisitions. Entre les princes bibliophiles du commencement du xve siècle et les artistes, libraires ou intermédiaires qu'ils employaient, régnaient aussi certaines traditions de courtoisie ayant une saveur de familière simplicité. Les princes acceptaient des cadeaux de leurs protégés, principalement comme étrennes, pour le jour de l'an, au 1er janvier. En retour, ils leur rendaient la pareille par des dons, soit en argent, soit en joyaux. Au fond, pour la bourse du prince, le résultat était identique. Pour un livre qui entrait dans sa bibliothèque, il avait toujours une somme souvent forte à débourser, si bien qu'à cet égard les cadeaux ne différaient pas des franches acquisitions. Nous verrons deux exemples de ce fait.

Jacques Raponde travaillait à l'enrichissement de la bibliothèque ducale quand Philippe le Hardi mourut en 1404. Le fils et successeur du duc, Jean sans Peur, ne passe pas pour s'être préoccupé autant que son père de sa bibliothèque. D'autre part, au lieu de conserver ses livres à Paris, il devait, nous l'avons dit, les transporter à Dijon. Cependant il commença par continuer, au moins quelque temps, les traditions paternelles, recourant encore à Jacques Raponde ou achetant au libraire parisien Pierre de Linfol. Ajoutons que, même à la fin de sa vie, Jean sans Peur employa comme enlumineur un artiste qui appartenait à l'école parisienne, et qui quitta la capitale, sa ville natale, pour aller travailler pour le duc en Bourgogne.

Ces indications d'ordre général données, il nous reste à passer au détail de quelques-unes de ces acquisitions ainsi faites à Paris par Philippe le Hardi et Jean sans Peur. Nous commencerons par trois manuscrits dont nous pouvons suivre la trace avec certitude jusqu'à nos jours.

Livre des propriétés des choses, acheté par le duc Philippe le Hardi a Jacques Raponde, au commencement de 1402.

L'ouvrage *De proprietatibus rerum* est une sorte d'encyclopédie en neuf livres, composée en latin par Barthélemy l'Anglais (Bartholomeus Anglicus), appelé aussi Barthelemy de Glanville, qui professait à Paris au commencement du règne de Saint Louis. Au xive siècle, le roi Charles V fit traduire cette encyclopédie en français par le moine augustin Jean Corbichon, dont le travail fut terminé en 1372. Cette version française, portant le nom de *Livre des propriétés des choses*, eut une vogue durable, attestée par de nombreuses copies manuscrites, sans parler de plusieurs éditions remontant aux premiers temps de l'imprimerie.

Au commencement de l'année 1402, le duc de Bourgogne Philippe le Hardi acheta de Jacques Raponde un bel exemplaire de ce traité des Propriétés des choses. Cet exemplaire était tout neuf, venant d'être écrit et historié ou illustré. Il était relié en velours en grains et muni de fermoirs d'argent doré. Le prix d'achat fut de 400 écus d'or, dont le paiement fut mandaté à Jacques Raponde par lettres patentes du duc, données à Paris le 3 janvier 1402 (1401, vieux style). Le vendeur toucha cette somme contre quittance et sur certification de Richart-le-Conte, ce barbier-garde des livres du duc de Bourgogne dont nous avons eu occasion de parler dans notre étude précédente.

Ces renseignements sont fournis par un extrait des comptes de la Maison de Bourgogne, que Peignot a jadis analysé d'une manière trop brève, et dont voici le texte entier :

« A Jacques Raponde, auquel estoi deu par mondit s[r] (le duc de Bourgogne) la somme de iiij[c] escuz d'or, en quoy icellui s[r] luy estoit tenuz pour la vendue et delivrance d'un livre nommé de la *Propriété des choses*, tout nuef escript et ystorié, couvert de velueil en graine à fermonèrs d'argent dorez; lequel mondit s[r] fist prendre et achetter de lui ledit pris, si qu'il appert plus à plain par les lettres patentes dudit s[r] sur ce faictes, données à Paris, le iij[e] jour de janvier l'an mil iiij[c] et i, cy rendue avec quittance, ensemble certifficacion sur ce de maistre Richart le barbier, garde de livres en rommant dudit seigneur : iiij[c] escuz. » (Archives de la Côte d'Or, B 1525, f[o] 298) (1).

Il faut noter que le compte d'où est tirée cette mention, est un compte rendu, en qualité de receveur général des finances du duc de Bourgogne, par ce Jean Chousat que nous avons vu, dans notre précédente étude sur les Bibles françaises des ducs de Bourgogne, vendre en 1415 une des bibles aujourd'hui à Bruxelles. Nous rappellerons à ce propos que lorsque nous avons raconté cette vente de 1415, nous avons annoncé que certains documents montraient Jean Chousat en rapports personnels, à Paris, avec des artistes, des libraires ou des négociants s'occupant de la vente des livres. L'extrait de compte que l'on vient de lire constitue un de ces documents ; en effet, puisque Jean Chousat a porté dans ses comptes le paiement du livre des Propriétés fait à Jacques Raponde, c'est que ce paiement avait été effectué par lui-même.

L'exemplaire du livre des *Propriétés des choses* acquis ainsi, suivant les lettres du 3 janvier 1402, fut l'objet d'un soin particulier dès son entrée dans la librairie du duc de Bourgogne. On commanda pour lui à un « pignier demeurant à Paris », et nommé Henry des Grés, « un estuy de cuir armoyé aux armes de monseigneur », étui qui fut remis à Richart le Conte, « berbier et varlet de chambre de monseigneur », comme en témoigna sa certification en date du 4 avril 1402 (2).

Reste à déterminer ce qu'est devenu cet exemplaire.

Il doit évidemment se retrouver d'abord dans l'inventaire dressé deux ans plus tard, en 1404, à la mort de Philippe le Hardi. Et en effet, dans cet inventaire, nous lisons la mention suivante :

« Item, le livre appelé des *Propriétés des choses*, fermant à deux fermoners d'argent, et y a à chacun fermoner un prophète esmaillié » (3).

(1) En marge de cette mention, sur le compte original, une main contemporaine a écrit : « Achat d'un livre de la Propriété des choses ». Ces inscriptions en marge sont tout à fait exceptionnelles dans la série des comptes de Dijon.

(2) Dijon, Arch. de la Côte-d'Or, B. 388 ; orig. scellé.

(3) Dehaisnes, *Documents*, p. 851.

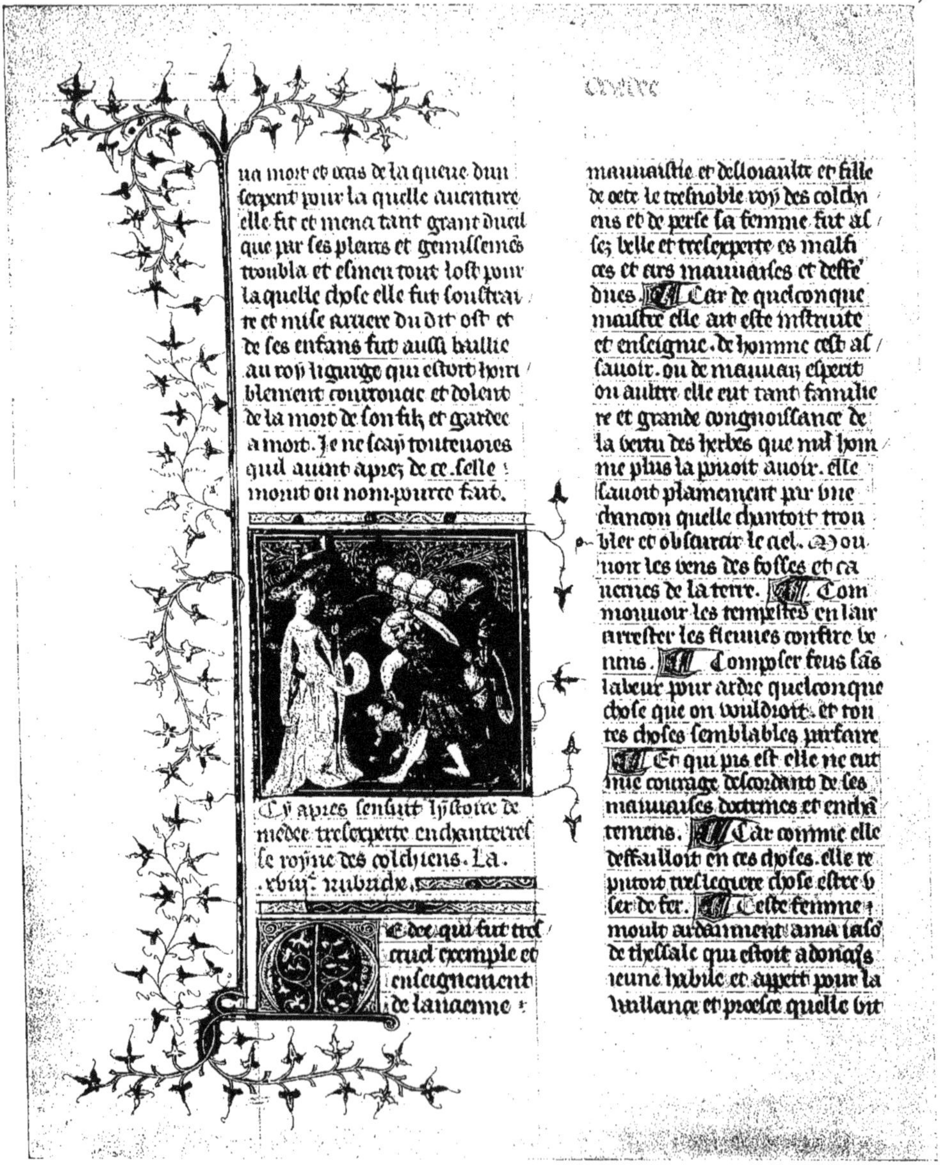

na mort et occis de la queue dun
serpent pour la quelle aventure
elle fit et mena tant grant dueil
que par ses pleurs et gemissemens
troubla et esmeu tout lost pour
la quelle chose elle fut constrain
te et mise arriere du dit ost et
de ses enfans fut aussi baillie
au roy ligurge qui estoit horri
blement courroucie et dolent
de la mort de son filz et gardee
a mort. Je ne scay toutevoies
quil avint aprez de ce. Celle
mourut ou non pource fault.

Cy apres sensuit lystoire de
medee treslexperte enchanteres
se royne des colchiens. La.
xviije. rubriche.

Edee qui fut tres
cruel exemple et
enseignement
de laucienne
mauvaistie et desloiaulte et fille
de oete le tresnoble roy des colchi
ens et de perse sa femme fut as
sez belle et treslexperte es malefi
ces et ars mauvaises et deffen
dues. Car de quelconque
maistre elle ait este instruite
et enseignee. de homme cest as
savoir. ou de mauvaiz esperit
ou aultre elle eut tant familie
re et grande congnoissance de
la vertu des herbes que nul hom
me plus la povoit avoir. elle
savoit plainement par une
chancon quelle chantoit trou
bler et obscurcir le ciel. Mou
voir les vens des fosses et ca
vernes de la terre. Com
mouvoir les tempestes en lair
arrester les fleuves contre ve
nins. Composer feus sans
labeur pour ardre quelconque
chose que on vouldroit. et tou
tes choses semblables parfaire
Et qui pis est elle ne eut
mie courage descordant de ses
mauvaises doctrines et enchan
temens. Car comme elle
deffailloit en ces choses. elle re
putoit tres legiere chose estre v
ser de fer. Ceste femme
moult ardamment ama iaso
de thessale qui estoit a donques
ieune habile et appert pour la
vaillance et proesce quelle vit

PAGE DU LIVRE DES CLÈRES FEMMES DE BOCCACE, DONNÉ A PHILIPPE-LE-HARDI PAR JACQUES RAPONDE, EN 1403

(Bibl. Nationale, ms. français 12420, fo XXVI verso)

L'inventaire de 1404 ne signalant, comme étant alors dans la librairie de Philippe le Hardi, que cet unique manuscrit du livre des Propriétés, il ne peut y avoir aucun doute que ce ne soit le volume acquis de Jacques Raponde deux années auparavant. D'ailleurs, nous avons une indication d'ordre matériel qui concorde avec l'extrait du compte de Jean Chousat, celle de la présence des fermoirs d'argent doré.

Dans l'inventaire de 1420 auquel nous passons ensuite, sont au contraire catalogués deux exemplaires du Livre des propriétés des choses. Le premier est ainsi décrit :

« Item, ung aultre livre nommé : *Le livre des proprietez des choses*, escript en parchemin, de lettre ronde, à ij colonnes, historié et enluminé d'or et d'asur, commençant ou IIe fueillet : *et au saige*, et ou derrenier : *de huit et de six ;* couvert de veluyau rouge, garni de x cloux de léton et deux fermoners d'argent dorez et esmailliez » (Inventaire de 1420, Bibl. nat. Ve Colbert, vol. 127, fol. 149, article 157).

Quant au second, voici son signalement :

« Item, ung autre livre couvert de cuir vert destaint, nommé le *Livre des propriétez*, fermant à deux fermouers de cuivre dorez, et commençant ou IIe fueillet : *thales ou livre*, et ou dernier fueillet : *miselat.* » (article 91, fo 180 du ms.)

De ces deux manuscrits, quel est celui dans lequel il faut reconnaître l'exemplaire acheté en 1402 ? Évidemment le premier, puisque seul il réalise cette double condition matérielle, indiquée dans le compte d'acquisition, d'être relié en velours rouge, et muni de fermoirs d'argent doré.

Une note inscrite sur la marge du manuscrit de l'inventaire de 1420, en regard de l'article consacré au premier exemplaire, c'est-à-dire à celui qui nous intéresse, nous apprend qu'à l'époque de la confection de l'inventaire, l'exemplaire en question du Livre des propriétés se trouvait prêté à la veuve de Jean sans Peur, la duchesse Marguerite de Bavière, « Presté à ma dicte dame ».

Marguerite de Bavière, on le sait, mourut tout à fait au commencement de 1425. Puisqu'il est certain que, en 1420, elle détenait, à titre de prêt, l'exemplaire du livre des Propriétés des choses, relié de velours rouge et muni de ces fermoirs d'argent doré sur lesquels, suivant l'inventaire de 1404, il y avait des prophètes en émail, on doit s'attendre à voir cet exemplaire réapparaître dans l'inventaire dressé immédiatement après le décès de la princesse. C'est ce qui a lieu effectivement. Un des articles de l'inventaire de Marguerite de Bavière, en 1425, est ainsi conçu :

« Item, le livre des *Propriétez des choses*, à fermaulx d'argent, emaillez de prophètes, couvert de veluaul vermeil » (1).

Toutes ces indications, on le voit, concordent parfaitement et établissent comme une chaîne continue entre ces inventaires successifs de 1404, 1420 et 1425, le premier d'entre eux se rattachant lui-même, d'autre part, au compte de 1402. Or, l'inventaire de 1420 nous fournit une précieuse référence en nous disant par quels mots commençaient le second et le dernier feuillet du manuscrit. Grâce à cette donnée, nous marchons désormais sur un terrain sûr. C'est en toute certitude que nous suivons plus tard notre volume dans les grands inventaires de Flandre publiés par Barrois. Voici ce qu'en dit l'inventaire dressé après l'avènement de Charles le Téméraire, vers 1467 :

« Ung livre en parchemin couvert de velours cramoisy, à clouans et clouz de laiton doré, intitulé au dehors : *C'est le livre des Propriétez des choses ;* començant au second feuillet après la table. *Est au saige de savoir*, et au dernier, *de VIII et de VI.* » (Barrois, p. 218, no 1528).

C'est également d'une manière certaine que nous pouvons reconnaître notre exemplaire dans un manuscrit qui se trouve encore aujourd'hui à la Bibliothèque royale de Bruxelles, inscrit sous le no 9094.

Ce manuscrit a perdu, il est vrai, sa vieille reliure de velours rouge avec ses fermoirs d'argent doré ; mais le second feuillet *après la table*, contenant le prologue, et le dernier feuillet commencent bien respectivement par les mots voulus « *est au saige de savoir* » et « de VIII et de VI ». Dans ce volume aussi, le second feuillet du *texte* commence par « *grand que le filz* », et le dernier se termine par « *dudit prince et seigneur très excellent* ». D'après cette observation, on peut faire encore un rapprochement avec un article d'un autre des inventaires, publié par Barrois, celui dressé à Bruxelles en 1487.

« Item, ung autre grant volume couvert de velours vermeil, à tout deux clouans d'argent doré, armoyez des armes de la maison de Bourgogne, et cincq boutons de léton doré sur chacun costé des aiz d'icellui, fort historié, et intitulé : *Le livre de la Propriété des choses :* encommenchant ou second feuillet, *Grant est le filz qui est naissant*, et finissant ou derrenier feuillet, *dudit prince et seigneur très excellent.* » (Barrois, p. 247, no 1725).

Le manuscrit 9094 de Bruxelles, dont nous pouvons suivre ainsi toute l'histoire par les documents, depuis son achat à Jacques Raponde en 1402, au moment où il était encore « tout neuf escript et historié », est un volume in-folio de 410 millimètres de haut sur 290 millimètres de large, exécuté avec beaucoup de soin sous le rapport matériel, comptant 9 feuillets de table et 370 feuillets pour le corps de l'ouvrage. Ces feuillets portent une ancienne numérotation continue de 1 à 370, le dernier feuillet étant blanc. Le texte est écrit à deux colonnes. L'illustration comprend une grande miniature en tête du livre I de l'ouvrage, et d'autres miniatures plus petites, de la largeur d'une colonne du texte, au début de chacun des livres suivants. La grande miniature est divisée en quatre compartiments, trois consacrés à des scènes de la création, le quatrième montrant la présentation du livre à un roi qui porte la barbe. Ces compartiments sont entourés d'une bordure tricolore, bleu, blanc et rouge, suivant une mode souvent suivie par les libraires parisiens du XIVe siècle, et que le manuscrit dont nous nous occupons ici nous montre avoir persisté jusqu'au début du XVe siècle.

Cette illustration du volume, au point de vue de l'art, est inégale, et, dans son ensemble, assez médiocre. Comme il arrive fréquemment, elle est l'œuvre d'une collaboration trahissant trois mains de praticiens différents. Le plus habile des exécutants s'est réservé la part principale, la grande miniature du début, et les deux miniatures plus petites qui la suivent immédiatement, celles des livres II et III. Ces peintures sont encore d'une très bonne moyenne ; elles peuvent être rapprochées de celles qui ornent le début d'un des manuscrits du duc de Berry, la bible conservée à la Bibliothèque nationale sous le

(1) Peignot, *op. cit.*, p. 81.

nº 20090 du Fonds français. Les autres images du nº 9094 de Bruxelles sont sensiblement plus faibles et ne dépassent pas le niveau des productions courantes de l'école parisienne au milieu du règne de Charles VI. En un mot, l'exemplaire du Livre des propriétés des choses, acheté à Paris en 1402 par Philippe le Hardi, est un beau produit de librairie, mais n'offre rien d'exceptionnel par la qualité de ses peintures.

Il en est autrement du manuscrit auquel nous allons maintenant passer.

BOCCACE, DES CLÈRES FEMMES (DE CLARIS MULIERIBUS), EXEMPLAIRE DONNÉ A PHILIPPE LE HARDI PAR JACQUES RAPONDE, AU JOUR DE L'AN 1403.

Le 12 septembre 1401, à Paris, un littérateur qui ne s'est pas nommé acheva de traduire en français, sur l'ordre du roi Charles VI, le traité latin de Boccace, *De claris et nobilibus mulieribus*. Cet ouvrage, appelé sous sa forme française le livre des Clères femmes, le livre des Nobles femmes renommées ou des Femmes de bonne renommée, fut accueilli avec une faveur marquée par le grand monde de notre pays, près duquel il resta longtemps en vogue.

Il ne s'était pas encore écoulé un an et demi depuis que le travail de cette traduction était terminé, que déjà Jacques Raponde offrait un exemplaire du nouvel ouvrage à son puissant protecteur, le duc Philippe le Hardi, comme étrennes au jour de l'an 1403. Le duc de Bourgogne ne voulut pas demeurer en reste vis-à-vis de son fournisseur attitré, et en retour du don du livre, il lui assigna une somme de 300 francs, par lettres patentes datées de Paris, 21 janvier 1403 (1402 vieux style). C'est également par un extrait d'un compte de Jean Chousat que nous connaissons le fait.

« A Jaquet Raponde, marchant bourgois de Paris, auquel mondit s[r] [le duc de Bourgogne] de grâce espécial a donné la somme de iij[c] fr., tant pour et en recompensacion d'un livre en françois de pluseurs histoires des *Femmes de bonne renommée* qu'il lui donna aux estraines du jour de l'an derrenierement passé, comme pour les bons services qu'il lui a faiz chacun jour et espere qui face ou temps à venir, si comme il appert plus à plain par les lettres patentes dudit s[r] sur ce faictes, données à Paris le xxj[e] jour de janvier l'an mil cccc et deux. » (Archives de la Côte-d'Or, B, 1532, compte de Jean Chousat, f° 156.)

Pour l'exemplaire de la traduction française du traité de Boccace, offert ainsi en étrennes, au jour de l'an 1403, au duc Philippe le Hardi, nous nous trouvons dans les mêmes conditions favorables que pour le livre des Propriétés des choses acquis en 1402. Une fois le livre des Clères et Nobles femmes devenu, par le don de Jacques Raponde, la propriété du duc Philippe le Hardi, on le suit d'âge en âge dans les divers inventaires successifs des livres de la Maison de Bourgogne, à partir de celui dressé dès l'année qui suivit le don, c'est-à-dire de l'inventaire de 1404.

Les raisonnements qui permettent de passer de l'extrait du compte de 1403 à l'inventaire de 1404, puis de celui-ci aux inventaires ultérieurs, notamment à celui de 1420, sont absolument semblables à ceux dont nous avons usé pour le Livre des propriétés des choses. Il serait fastidieux pour le lecteur de rentrer une seconde fois dans le détail d'une démonstration reposant sur les mêmes principes. Il nous paraît suffisant de donner le tableau des articles s'appliquant sûrement à ce manuscrit, que l'on peut relever les uns après les autres dans l'inventaire de 1404, dans celui de 1420, et enfin dans l'inventaire de Flandre dressé après l'avènement de Charles le Téméraire, vers 1467.

Inventaire de 1404 :

Item, le livre appellé (sic) que fist Jehan Bocache et parle des *Nobles femmes renommées*, à deux fermaux d'argent dorés armoiez aux armes de mondit seigneur (Dehaisnes, *Documents*, p. 851).

Inventaire de 1420 :

Item, ung autre livre nommé *Bocace, des cleres femmes*, escript en parchemin de lettre ronde, à deux colonnes, historié et enluminé d'or, commençant ou IIe feuillet, *estudions* (1), et ou derrenier, *clarté très reluisantes*, couvert de veluau vermeil garni de diz clouz de léton dorez et de deux fermours d'argent dorez esmailliez aux armes de Bourgogne (article 31, f° 151b du manuscrit.)

Inventaire dressé vers 1467 :

Ung autre livre en parchemin couvert de velours noir a clouz de lecton dorez, intitulé au dehors : *C'est le livre de Bocace, des cleres femes*, començant au second feuillet après la table, *et studieux*, et au dernier, *clareté très reluisantes*.

Enfin, pour arriver sans plus tarder aux temps modernes, on peut identifier aujourd'hui en toute certitude ce même volume avec un manuscrit jadis dans la Bibliothèque de Bourgogne à Bruxelles, et passé depuis à Paris, qui porte le nº 12420 du Fonds français à la Bibliothèque nationale. Ce manuscrit, en effet, répond au signalement voulu. Le second feuillet du texte y commence par : *et studieux*, en même temps que le dernier débute par *clarté très reluisante*.

Le manuscrit français 12420 de la Bibliothèque nationale est un in-folio de 355 millimètres de haut sur 240 de large, écrit à deux colonnes, d'une belle écriture de forme. Il comprend 167 feuillets, dont les deux premiers occupés par la table, ayant reçu dès l'origine une ancienne numérotation générale, qui se suit de I à CLXVII. Les numéros des feuillets sont en rouge. Il y a en outre, au haut des pages, des titres courants en bleu.

Le volume est illustré de cent neuf miniatures (2) rectangulaires, placées dans les colonnes, ayant en moyenne 75 millimètres sur 65. Ces miniatures représentent les femmes illustres dont parle successivement le traité de Boccace traduit en français. La plupart de ces femmes sont des héroïnes de l'histoire ancienne, sacrée ou profane, ou même des déesses de la mythologie : « la royne Sémiramis », « la très noble Minerve », « la très belle

(1) Le texte de l'Inventaire de 1420, tel qu'il est copié dans le tome 127 de la collection dite des V[c] de Colbert, porte bien le mot : *estudions*. Mais c'est évidemment par suite d'une erreur, et il faut y substituer les mots : *et studieux*, qui se lisent, en effet, dans le haut du second feuillet de notre Boccace.

(2) Ces miniatures se trouvent sur les feuillets 3, 4b, 6b (Ève), 8, 10b, 11, 12 (travaux des champs), 13b (Minerve présidant à divers métiers), 15, 16, 17b 18b (deux miniatures), 20, 22, 24, 25, 26b, 28, 29, 30, 31, 32, 34b, 35, 38, 37, 39b, 41, 42b, 43b, 46, 46b, 47b, 48b, 49, 50b, 54, 55, 58, 65b, 61b, 67b, 69 (métier à tisser), 69b, 71 (autre métier), 71b, 73, 74b, 76b, 78, 81, 82, 83, 83b, 86, 87, 90, 92b, 93, 93b, 95, 96 (deux miniatures), 98b, 100, 101b, 102b, 103b, 104b, 106, 108, 110, 111, 113, 114, 114b, 116, 117, 119, 120b, 122, 123, 124, 125, 126, 127, 127b, 129b, 134, 136, 137b, 140b, 142, 143b, 146, 147, 148b (deux miniatures), 150, 152b, 155b, 157, 158b, 159b (deux miniatures), 161, 165.

Vénus », Médée, Déjanire, Clytemnestre, Didon, Véturie, Bérénicé, Lucrèce, etc. Mais, suivant une habitude constante alors dans les arts en France, elles portent toutes le costume de l'époque où le manuscrit a été peint. En réalité, nous avons sous les yeux de charmantes contemporaines de Charles VI, habillées à la dernière mode de Paris. Ève elle-même, qui ouvre la série et qui est représentée assise dans un jardin (f° 6b), est une élégante jeune dame qui eut fait la meilleure figure à la cour d'Isabeau de Bavière, avec son ample robe en forme de houppelande, d'étoffe brochée et garnie de fourrure, hermétiquement fermée jusqu'au menton, et ses longues manches tombantes d'où ne sortent que les mains depuis le poignet.

Toutes ces images sont ainsi curieuses pour l'histoire du costume. Plusieurs aussi offrent un intérêt spécial, par des détails se rapportant à l'exercice des métiers ou à la pratique des arts. Cerès, au f° 12, préside aux travaux des champs. Au verso du feuillet suivant, des gens s'adonnent à diverses occupations sous l'inspiration de Minerve : ce sont un chasseur, un armurier, un musicien, etc. Les miniatures consacrées à Pamphyle et à Gaye Cyrille, femme de Tarquin (f°s 69 et 71), nous montrent des métiers à tisser. Mais les plus dignes d'être relevées, à ce point de vue, sont trois miniatures ayant la prétention de représenter trois femmes artistes de l'Antiquité : Thamar, Cyrène ou Irène et Marcie (f°s 86, 92b et 101b). Ces miniatures nous introduisent, pour ainsi dire, dans des ateliers de peintres que l'on aperçoit munis de tous les accessoires obligés, chevalets ou tables de travail avec pupitre d'appui, palettes, pinceaux, godets à couleurs, récipients en faïence servant à laver les brosses, etc., le tout figuré avec une minutieuse exactitude. Thamar termine sur un chevalet un tableau de la madone vue à mi-corps, ayant derrière elle son broyeur de couleurs ; Marcie peint son propre portrait à l'aide d'un miroir ; quant à Cyrène ou Irène, elle a momentanément abandonné un panneau cintré du haut, montrant une Sainte-Face sur fond rose, pour s'occuper de mettre en couleur une statue, environ de demi-grandeur naturelle, de la Vierge debout, tenant l'enfant Jésus dans ses bras, témoignage curieux de la faveur dont jouissait alors l'application de la polychromie à la sculpture (1).

Ces représentations ont d'autant plus de prix comme documents d'ordre archéologique, qu'elles se trouvent avoir date certaine. En effet, c'est le 12 septembre 1401 qu'a été achevé le travail littéraire de la traduction du traité de Boccace. Ce n'est donc qu'après cette date qu'on a pu commencer, comme nous dirions aujourd'hui, à éditer la nouvelle œuvre, en en faisant des copies destinées au public. D'autre part, l'exemplaire qui constitue le manuscrit 12420 du Fonds français de la Bibliothèque nationale a été donné au duc de Bourgogne au jour de l'an 1403. C'est donc forcément dans cet intervalle de moins de seize mois, du 12 septembre 1401 au 31 décembre 1402, qu'il a été exécuté et que ses images ont été peintes, et les modes que nous y voyons portées peuvent ainsi être considérées comme étant rigoureusement celles de la fin de 1401 et de l'année 1402.

(A suivre).

(1) J'ai signalé depuis longtemps déjà l'importance de cette représentation, au point de vue archéologique, dans une communication faite à la Société des Antiquaires de France (*Bulletin de la Soc. nat. des Antiquaires de France* pour l'an 1888, p. 249).

Selonc ce que dit saint luc en leuangille
lempereour de romme. cesar augustus te
noit toute la seignourie du monde au teps
de la natiuite nostre seigneur. Apres auit
que un roy de perse qui ont nom cosseros
sath se reuela contre lempereour de romme. et se fist apel
ler empereour daise. Cestui prist la seignourie
de perse et de mede dearmenie et de caldee. et tant crust
son pouair que il chasca la gent de lempereour de rom
me de toutes celles terres. Et dura la seignourie
de toutes les persiens en aise. trois cens ans. Et apres
les sarrazins leur tollurent la seigneurie si comme sera
deuise cy apres. Des successeurs de mahomet

PAGE DE LA FLEUR DES HISTOIRES DE LA TERRE D'ORIENT
ACHETÉE A JACQUES RAPONDE PAR LE DUC DE BOURGOGNE EN 1403
(*Bibl. Nat., Ms. français 12201, f° 10b*)

Manuscrits de luxe

EXÉCUTÉS POUR

DES PRINCES ET DES GRANDS SEIGNEURS FRANÇAIS

(Notes et Monographies)

(Suite)

Mais ces miniatures ne sont pas seulement attachantes par les sujets. La plupart d'entre elles méritent encore l'attention des connaisseurs par leurs qualités d'art, par le charme des figures, surtout des figures de femme, l'entente de la composition, la délicatesse du sentiment, qui s'unissent à une très grande finesse d'exécution technique. Tous ces petits personnages sont vrais, d'attitudes très justes de dessin, groupés avec beaucoup de naturel. La perspective, encore si mal connue à cette époque, n'est cependant pas trop ridicule. L'exactitude est cherchée pour le rendu des accessoires, et jusqu'à un certain point pour le cadre des scènes, et même pour les détails du paysage. Cependant, par un reste d'attachement aux vieilles traditions du XIVe siècle, les arrière-plans, au lieu de montrer soit le bleu du ciel et la profondeur de l'atmosphère, soit les parois d'une salle, s'il s'agit d'un intérieur, sont constitués uniformément par des fonds de pure décoration, quadrillés d'or et de couleurs.

Ces éloges s'appliquent à la plus grande partie des miniatures du volume. Quelques-unes seulement sont plus faibles, et peuvent être par suite rangées dans une catégorie à part, d'ordre un peu inférieur. Quant aux autres, les plus jolies, il serait possible à la rigueur qu'elles fussent toutes l'œuvre d'un seul et même artiste ; mais il semble plus prudent, à cause de certaines légères différences, d'y voir une collaboration de deux miniaturistes, ceux-ci étroitement liés l'un à l'autre par une communauté de tendances et de procédés de facture qui auraient constitué entre eux une sorte de petit atelier.

Un fait qui doit être signalé ici, c'est qu'on peut très certainement attribuer à ce même atelier les miniatures d'un autre exemplaire de la même traduction française des Clères femmes de Boccace, celui-ci offert, au mois de février 1404, au duc de Berry par Jean de la Barre, receveur général des finances du Languedoc et en Guyenne. Ce volume (manuscrit français 598 de la Bibliothèque nationale) est en quelque sorte le frère de l'exemplaire donné au duc de Bourgogne. Il comprend à peu près le même nombre de miniatures; mais celles-ci ont été moins soigneusement peintes, et toute l'illustration, quoique d'un style identique et d'un faire semblable, offre sensiblement moins de finesse.

Il existe même un troisième exemplaire du même ouvrage, toujours illustré par les mêmes mains. Cet exemplaire, chose curieuse, a également appartenu à la maison de Bourgogne. Mais d'après l'étude comparative des inventaires, il semble être arrivé en sa possession seulement du temps de Philippe le Bon (Barrois 873 et 1672). Ce dernier exemplaire, qui forme aujourd'hui à la Bibliothèque royale de Bruxelles le n° 9509, est d'ailleurs beaucoup moins riche d'illustration que les deux premiers, ne comptant en tout que 33 miniatures.

D'autre part, l'artiste, ou plutôt les artistes qui ont peint les images du livre des Clères femmes, offert au duc de Bourgogne par Jacques Raponde, ont aussi indubitablement coopéré aux miniatures d'un des beaux manuscrits du duc de Berry, sa Bible historiale (manuscrit français 159 de la Bibliothèque nationale). En effet, une notable partie des images de ce volume sont marquées de caractères tout à fait identiques.

Quand on étudie de près cette série de miniatures qui, par leur ressemblance étroite entre elles, dénotent la main des mêmes maîtres, on ne tarde pas à être frappé par la présence de certains traits qui rappellent des écoles allemandes de la fin du XIVe siècle, l'école de Cologne et même l'école de Bohême. On y voit, par exemple, des figures de femme au visage joufflu, aux expressions un peu poupines, aux cheveux massés en deux grosses touffes d'un blond tournant au roux, qui éveillent le souvenir des tableaux du plus ou moins légendaire maître Wilhelm, ou de la curieuse Vierge Glorieuse, avec des angelots en bordure, du Musée de Prague. On est donc amené à ce sentiment que le chef, ou l'un des chefs de cet atelier particulier, employé entre autres par Jacques Raponde pour préparer le livre offert en étrennes au duc Philippe le Hardi, devait avoir des attaches avec les pays allemands.

Mais il y a à cet égard un indice bien plus frappant encore. Nous avons dit que parmi les œuvres de l'atelier on doit ranger une partie des miniatures de la Bible historiale du duc de Berry (manuscrit français 159). Parmi ces miniatures, il en est une représentant saint Jean écrivant l'Apocalypse. Or, saint Jean tient à la main une banderole sur laquelle quelques mots sont déjà tracés, et ces mots se trouvent être de l'allemand. C'est là presque une signature qui, si elle ne nous donne pas le nom de l'artiste, nous atteste du moins ses attaches allemandes.

Or, si l'on veut bien se reporter à notre étude sur les Bibles françaises des ducs de Bourgogne, on y trouvera une pièce de compte que nous y avons publiée, nous montrant à une date bien rapprochée de 1403, dès l'année suivante, le même Jacques Raponde payant des travaux faits pour le même duc de Bourgogne, à un enlumineur qui précisément appartenait par sa naissance aux contrées voisines du Rhin, Hancelin de Haguenau. Ne pourrait-on pas conclure du rapprochement de ces observations, qu'il y a tout au moins de très grandes présomptions pour qu'on attribue à notre Hancelin de Haguenau une partie des jolies miniatures du mss. français 12420, principalement celles où les types des personnages rappellent l'école de Cologne du temps de maître Wilhelm ?

Si cette attribution, que nous ne présentons encore ici, nous tenons à le faire constater, qu'à titre d'hypothèse, venait à se confirmer, le miniaturiste alsacien prendrait rang désormais parmi les plus aimables maîtres en cette branche de l'art ayant travaillé à Paris au commencement du XVe siècle, et l'on comprendrait la faveur dont il a joui auprès d'un aussi fin amateur que le dauphin Louis, duc de Guyenne.

Enfin un autre point encore reste à mettre en lumière. Si nous ne nous trompons, il nous semble bien que les plus belles miniatures de la Bible acquise par Jean sans Peur de Jean Chousat en 1415, c'est-à-dire des manuscrits 9024 et 9025 de Bruxelles, et particulièrement la grande peinture de l'Arbre de Jessé, présentent encore les plus étroites parentés de style et de facture avec ce groupe d'illustrations liées entre elles, qui se trouvent dans les manuscrits 159, 598 et 12420 de la Bibliothèque nationale. Cette portion, de beaucoup la meilleure de l'illustration de la Bible achetée à Jean Chousat, rentrerait dans la catégorie des œuvres susceptibles, d'après nos suppositions, d'être restituées à Hancelin de Haguenau. Les dates se prêteraient à cette hypothèse. Nous savons, en effet, par un curieux document publié par M. de Champeaux (1) que Hancelin de Haguenau, qui avait son atelier à Paris, rue Quincampoix, y travaillait encore en 1415, à l'époque où la Bible, toute neuve alors, fut cédée par Jean Chousat à Jean sans Peur.

Fleur des histoires de la Terre d'Orient, trois exemplaires achetés à Jacques Raponde en 1403.

La même année où il reçut pour ses étrennes le beau manuscrit du livre des Clères femmes de Boccace, le duc Philippe le Hardi acquit, toujours de Jacques Raponde, trois exemplaires de l'ouvrage intitulé la Fleur des histoires de la terre d'Orient, par le moine Hayton. Ces trois exemplaires, écrits sur parchemin, de lettre de forme, et historiés ou ornés d'images, étaient semblablement reliés en velours, avec fermoirs d'argent doré portant les armes du duc de Bourgogne émaillées.

De ces trois exemplaires, le duc Philippe le Hardi donna l'un à son frère le duc de Berry, l'autre à son neveu le duc Louis d'Orléans. Quant au troisième, il le retint par devers lui pour sa propre bibliothèque. Le prix de ces trois exemplaires, évidemment commandés d'avance par le duc, puisqu'ils portaient ses armes sur les fermoirs, se monta à 300 francs d'or.

Ce fut vraisemblablement dans les premiers mois de 1403 que Jacques Raponde livra les trois volumes au duc de Bourgogne. Nous savons, en effet, par les inventaires du duc de Berry, que c'est exactement le 22 mars 1403 (n. s.) que Philippe le Hardi donna à son frère de Berry celui des trois exemplaires dont il lui fit cadeau (2). Toutefois, le prix de trois cents francs d'or à payer à Jacques Raponde ne fut mandaté que quelques semaines plus tard, par lettres patentes du duc de Bourgogne datées de Paris, 24 mai 1403. A cette acquisition se rapporte l'extrait suivant, tiré d'un compte encore rendu par notre Jean Chousat.

« A Jacques Raponde, marchant demourant à Paris, auquel estoit deu par mondit s^r [le duc de Bourgogne] la somme de trois cens frans d'or, pour trois livres appellez la *Fleur des histoires de la terre d'Orient*, escrips en parchemin, de lettre de fourme, historiez, convers de veluiau et fermoners d'argent dorez, esmaillez et armoiez aux armes de mondit s^r, lesquelz mondit s^r fist prendre de lui pour ledit pris ; et l'un d'iceuls donna à monseigneur de Berry, et ung à monseigneur le duc d'Orléans, et l'autre mondit s^r retint pardevers lui, si comme il appert plus à plain par les lettres patentes dudit s^r sur ce faites, données à Paris le XXIIIIe jour de may l'an mil CCCC et trois, cy rendue avec certifficacion de Richart le Conte, barbier et varlet de chambre de mondit s^r sur la récepcion desdiz livres, et quittance sur ce dudit Jaques Raponde. Pour ce : III^c fr. » (Archives de la Côte-d'Or, B, 1532, f° 322^b).

Nous n'avons pas naturellement à nous occuper, dans cette étude, des deux exemplaires donnés au duc de Berry et au duc d'Orléans. Pour l'exemplaire gardé par le duc de Bourgogne, nous le suivons dès lors de la façon la plus régulière dans toute la série des inventaires successifs des livres de la maison de Bourgogne, depuis celui de 1404, jusqu'à celui de Bruxelles, 1487, en passant par l'inventaire de 1420 et par l'inventaire de Flandre dressé après l'avènement de Charles le Téméraire, vers 1467. Voici les mentions qui s'y rapportent :

Inventaire de 1404 :

« Item, le livre de la *Fleur des ystoires d'Oriant*, à deux fermaulx d'argent dorés, armoiez aux armes de mondit seigneur. » (1).

Inventaire de 1420 :

« Item, ung autre livre, nommé *La Fleur des histoires de la Terre d'Orient*, escript en parchemin, de lettre ronde, historié et enluminé d'or, commençant ou IIe fueillet : *du royaume*, et ou derrenier : *ens qu'il tint* ; couvert de veluau vermeil, à x clouz de laton dorez, et de deux fermoners d'argent dorez esmaillez aux armes de Bourgogne. » (Inv. de 1420, article 42, f° 153 du mss.).

Inventaire dressé après l'avènement de Charles le Téméraire, vers 1467 :

« Ung livre couvert de velours cramoisy, cloué à rons cloutz, intitulé au dehors : *C'est le livre de la Fleur des histoires de la terre d'Orient* ; commançant au second feuillet, *Du royaulme de Turquie*, et ou dernier, *ans qu'il tient la seigneurie*. » (Barrois, p. 220, n° 1547).

Inventaire de Bruxelles, 1487 :

« Ung grant volume couvert de velours vermeil, à deux clouans d'argent doré, l'un d'iceulx armoyé des armes de Phelippe le Hardi, et de l'autre l'émail perdu, et à tout cincq boutons de léton doré sur chacun costé, historié et intitulé : *Le livre de la Fleur des Histoires de la terre d'Orient* : comenchant ou second feuillet, *Du royaulme de Turquye*, et finissant ou derrenier, *Il est bien garny* (Barrois, p. 259, n° 1810).

De Bruxelles, ce manuscrit a passé à Paris. Il se trouve aujourd'hui à la Bibliothèque nationale, formant le manuscrit français 12201 (2), sûrement reconnaissable aux mots « *du royaume de Turquie* » par lesquels commence le second feuillet, et à ceux de : « *ans qu'il tint* » et « *il est bien garny* » qui ouvrent et ferment le texte du dernier feuillet.

Ce manuscrit français 12201, dans lequel on peut étudier un des trois exemplaires de la Fleur des Histoires d'Orient fournis en 1403 par Jacques Raponde au duc Philippe le Hardi, est un volume de moyen format et d'assez mince épaisseur. Il ne compte que 97 feuillets, mesurant 300 millimètres de haut sur 210 de large, avec le texte disposé en longues lignes et transcrit d'une belle écriture. Il renferme les matières suivantes :

(1) *Les travaux d'art exécutés pour Jean de France, duc de Berry*, p. 127.

(2) J. Guiffrey, *Inventaire de Jean, duc de Berry*, t. I, p. 244, n° A. 933. — Cf. L. Delisle, *Le Cabinet des Manuscrits*, t. III, p. 191, n° 256.

(1) Dehaisnes, *Documents*, p. 851.

(2) Cette identification du mss. français 12201 de la Bibl. nationale avec un des trois exemplaires de la Fleur des histoires de la terre d'Orient acquis de Jacques Raponde, a été indiquée pour la première fois par M. Delisle, *Le Cabinet des manuscrits*, t. I, p. 69, et t. III, p. 191 en note.

F° 1-65 : « Le livre de la fleur des hystoires de la terre de Orient, lequel frère Hayton, seigneur du Core, cousin germain du roy de Arménie, compilla par le commendement du pape Climent quint nostre sire, mil troys cens sept, en la cité de Poitiers. »

F° 66-82 : « Le livre de toutes les provinces d'universe monde ; et devise et nomme les noms de toutes les cités, etc. » — Longue nomenclature géographique en latin.

F° 83-97 : « Cy commence un petit livre fait d'un Tartare qui se nomme Themirbey, que aucuns autres appellent la Tamurlan. »

Le manuscrit est illustré de cinq miniatures à peu près à mi-page, mesurant environ 110mm de largeur sur 100 de hauteur.

Quatre d'entre elles s'appliquent à l'ouvrage d'Hayton ; elles représentent : F° 1 : Haiton en moine offrant son livre au pape Clement V ; f° 10b, un empereur à table, servi par deux rois, pendant que des musiciens égayent le repas de leurs harmonies (nous reproduisons cette page) : f° 17b, la nation des Tartares, paysage vu en perspective cavalière, avec personnages et animaux exotiques ; f° 49, le moine Haiton à genoux devant le pape qui siège entre un roi à sa gauche et des personnages en costumes orientaux à sa droite (également reproduite). La cinquième miniature orne le début du texte du petit livre consacré à Themirbey ou Tamerlan ; elle montre une ville menacée par une armée à laquelle le peintre a cherché à donner une certaine physionomie orientale.

Ces miniatures présentent une ressemblance absolue avec les plus jolies parmi les illustrations du livre des Clères femmes de Boccace, mentionné précédemment. Même style, mêmes procédés de facture, mêmes types des personnages, même emploi persistant des fonds purement décoratifs à l'ancienne mode, contrastant, comme reste d'archaïsme, avec la liberté dans les figures et l'entente relative de la perspective. Nul doute qu'il ne faille reconnaître de part et d'autre les mêmes mains d'artistes. Le fait est d'ailleurs tout naturel, puisque les deux volumes ont la même origine et le même âge, et ont été fournis tous deux par Jacques Raponde à quelques semaines de distance tout au plus.

Dire que les illustrations du manuscrit français 12201 doivent être groupées avec les meilleures images du manuscrit français 12420, c'est indiquer qu'elles se distinguent par des qualités particulières de grâce et de finesse d'exécution, et qu'elles méritent, elles aussi, d'être comptées au nombre des plus charmantes miniatures exécutées à Paris au commencement du xve siècle.

D'autres volumes sont encore devenus, à Paris, la propriété des ducs de Bourgogne, durant les premières années du xve siècle, dans des conditions analogues à celles que nous venons de relater, c'est-à-dire soit par suite d'achats faits par les ducs à leurs fournisseurs, soit comme conséquence de cadeaux offerts par ces fournisseurs à leurs puissants clients.

Pour ces autres cas, nous n'avons pu jusqu'ici reconstituer la chaîne complète et retrouver, en partant de la pièce comptable qui forme l'origine du dossier, le manuscrit auquel cette pièce s'applique. Mais il est toujours intéressant de présenter l'état actuel de la question. Si nous ne sommes pas en mesure d'indiquer où se cachent aujourd'hui les volumes égarés, nous donnerons du moins des textes fournissant des signalements précis, grâce auxquels on arrivera peut-être à mettre la main sur ces fugitifs, si toutefois ceux-ci n'ont pas péri, depuis quatre ou cinq siècles que quelques-uns courent le monde.

Dans cet exposé, nous suivrons l'ordre chronologique qui va nous faire remonter un peu en arrière de cette année 1403, où Philippe le Hardi reçut en don le Livre des Clères femmes, et prit livraison de sa commande des trois exemplaires de la Fleur des histoires de la terre d'Orient.

TITE LIVE, *donné par Dine Raponde à Philippe le Hardi, pour les étrennes du jour de l'an 1400.*

Au jour de l'an 1400 (n. s.), Dine Raponde, alors conseiller et maître d'hôtel du duc de Bourgogne, donnant l'exemple que devait suivre trois ans plus tard Jacques Raponde, offrit pour étrennes à Philippe le Hardi un très beau manuscrit de Tite Live. Le duc riposta par un cadeau de 600 francs d'or, assigné à Dine Raponde par mandement du 15 janvier 1400 (1399, vieux style). L'importance de cette somme devait être en relation avec la valeur du manuscrit. L'extrait de compte relatif à cet échange d'étrennes, déjà signalé par Peignot, a été analysé d'une façon plus complète par Mgr Dehaisnes. Nous le donnons intégralement :

« A Dine Raponde, conseillier et maistre d'ostel de mondit seigneur : auquel le dit seigneur donne la somme de VI cents (1) frans d'or pour ses estraines, pour ce qu'il envoya le dit jour à mondit seigneur en bonne estrainne un très bel livre de l'Istoire de Titulavieux, enluminée de lettres d'or et hystoires d'imaiges en plusieurs et divers lieux, et aussi couvert bien richement, par mandement du XVe jour de janvier l'an mil CCC IIIIxx et XIX. » (Archives de la Côte-d'Or, B. 1517, f° 128 (2).

« Le livre de Tituliveus » réapparaît l'année suivante dans la décharge de Richart le Conte, du 21 février 1401 (1400, vieux style), relative aux draps de soie et de cendal qui lui avaient été livrés « pour couvrir certains livres qui sont à Monseigneur » (3).

C'est ce livre aussi qu'il faut reconnaître sans nul doute, sous la désignation suivante de l'inventaire de 1404, le nom de Tite Live ayant quelquefois embarrassé les rédacteurs d'actes et d'inventaires du xve siècle, qui lui donnent par suite des formes plus ou moins fantaisistes :

« Item le livre de Tiertelius, fermant à deux fermoners d'argent dorés, armoiez aux armes de mondit seigneur. » (4).

Mais la difficulté commence avec l'inventaire de 1420. Dans cet inventaire, en effet, on voit mentionnés trois exemplaires de Tite Live.

Le premier exemplaire était en un volume :

« Item, ung gros livre nommé *Titus-Livius*, escript en parchemin, de lettre ronde, a II colonnes, historié et enluminé, commen-

(1) C'est par une faute d'impression que l'édition de Mgr Dehaisnes porte seulement : VI frans.

(2) Dehaisnes, *Documents*, p. 778.

(3) Publiée par Bernard Prost, dans les *Archives historiques*, t. II, p. 341.

(4) Dehaisnes, *Documents*, p. 851.

çant au IIᵉ fueillet : *nement romain*, et ou derrenier : *et Santulinus Cartulinus*, couvert de drap de damas vermeil, garni de x cloux de leton dorez et de deux fermouers d'argent dorez, aux armes de mondit seigneur. » (Inventaire de 1420, article 4, fº 147ᵇ du manuscrit).

En marge de cet article, l'inventaire porte : Deff[icit].

Ainsi, dès cette époque, ce Tite Live manquait déjà dans la bibliothèque de la maison de Bourgogne.

Sans vouloir trop préciser les choses, on peut remarquer que, d'après une note relevée par Peignot, Jean sans Peur a dû donner, vers 1417, « ung livre de Thitus Livius » au cardinal Orsini (le cardinal des Ursins), alors au concile de Constance (1). Serait-ce là précisément ce volume signalé comme en déficit dans l'inventaire dressé après la mort de Jean sans Peur ?

Le second Tite Live porté sur l'inventaire de 1420 était également en un volume.

« Item, ung autre livre nommé *Titus Livius*, escript en parchemin, de lettre ronde, historié et enluminé d'or et d'asur, commençant ou IIᵉ fueillet : *manière estoit*, et ou derrenier : *leurs provinces*, couvert de taffetas signié et garni de IIII fermouers d'argent dorez. » (Inventaire de 1420, article 5, fº 147ᵇ).

A partir de 1420, on perd la trace certaine de ce Tite Live. Il ne se retrouve pas sur les grands inventaires de Flandre publiés par Barrois. On peut donc croire que, étant à Dijon en 1420, il y reste du temps de Philippe le Bon et de Charles le Téméraire. Et précisément, sur la liste des livres saisis à Dijon après le trépas de Charles le Téméraire, en 1477, figure :

« Ung autre livre, escript aussi en parchemin, nommé le Livre de Tulilivius. » (2).

Cependant ces renseignements ne sont évidemment pas suffisants pour qu'on puisse conclure.

Enfin le troisième Tite Live de l'inventaire de 1420 formait deux tomes :

« Item, ung autre grant livre, nommé *Le premier livre de la premiere decade de Titus Livius*, couvert de drap de soye, à fermouers de cuivre dorez, commençant ou IIᵉ fueillet : *secret rivage de la mer*, et ou derrenier : *furent mors IIᶜ.* » (Inventaire de 1420, article 175, fº 168ᵇ).

« Item, ung autre livre nommé *La seconde decade de Titus Livius*, couvert et garni de fermouers, comme dessus, commençant ou IIᵉ fueillet : *et avoient ensamble*, et ou derrenier : *maintenant vous certiffie.* » (Inventaire de 1420, art. 176, fº 169).

Ces deux tomes réapparaissent dans les grands inventaires de Flandre publiés par Barrois (nᵒˢ 870, 1624, et nᵒˢ 869, 1625). Ils se trouvent encore aujourd'hui à Bruxelles, où ils forment les nᵒˢ 9049 et 9050 de la Bibliothèque royale. Cet exemplaire de format in-folio, écrit à deux colonnes, est complet, le tome Iᵉʳ contenant la première décade de Tite Live, le tome II la seconde et la troisième. Ses miniatures consistent en une grande peinture en tête du premier livre de chaque décade, et en 27 miniatures plus petites pour le prologue et pour les autres livres des décades. Cette illustration montre une œuvre de collaboration, assez médiocre dans l'ensemble, rappelant absolument ce que l'on trouve dans plusieurs manuscrits du même genre, que l'on peut considérer comme ayant été exécutés à Paris dans les vingt premières années du XVᵉ siècle.

De ces trois exemplaires, quel était celui donné au duc de Bourgogne par Dine Raponde pour les étrennes de 1400 ? Évidemment le premier ou le second, qui seuls réalisent la double condition d'être en un seul volume, et d'être revêtus d'une même reliure caractérisée par la présence de fermoirs d'argent doré. Malheureusement, comme nous l'avons dit, il se trouve que précisément ces deux manuscrits sont ceux dont la trace est perdue.

LÉGENDE DORÉE *acquise de Jacques Raponde en 1400.*

L'article de compte suivant constate l'acquisition à Jacques Raponde, dans le courant de l'année 1400, d'un luxueux exemplaire de la Légende dorée.

« A Jaques Raponde, marchant demourant à Paris, auquel estoit deu par mondit sʳ [le duc de Bourgogne] la somme de Vᶜ escuz d'or, en laquelle le dit sʳ lui estoit tenus pour un livre appellé la *Légende dorée*, escripte en françois, de lettre de forme, hystoriée de belles hystoires, à chacun son hystoire, et par dehors une Annunciacion, S. Jehan et Saincte Katherine, fermans à cloux d'argent dorez, armoïés aux armes dudit sʳ.........., et achetta du dit Jacques et mist par devers lui. » (Arch. de la Côte-d'Or, B. 1519, fº XIIˣˣ Vº).

Les 500 écus d'or en question furent payés à Jacques Raponde au mois de décembre 1400.

Cette Légende dorée, avec ses fermoirs d'argent dorés aux armes de Philippe le Hardi, et sa couverture de velours vermeil, est régulièrement inscrite dans les inventaires de 1404 et 1420.

Inventaire de 1404 :

« Une Légende dorée en françois, fermant à deux fermouers d'argent, armoiez aux armes de feu mondit seigneur. » (1).

Inventaire de 1420 :

« Item, ung autre livre nommé la *Légende dorée*, escript en parchemin, de lettre ronde, à II coulonnes, historié et enluminé d'or ; commençant ou IIᵉ fueillet : *ou il est mestier* et ou derrenier : *la grace de Dieu* ; couvert de veluyau vermeil, garni de x cloux de leton dorez, esmailliez aux armes de mondit seigneur. » (Inventaire de 1420, article 13, fº 149 du manuscrit).

Là s'arrêtent les certitudes en ce qui concerne ce manuscrit. Les grands inventaires de Flandre, publiés par Barrois, mentionnent bien plusieurs exemplaires de la Légende dorée, dont trois sont encore à la Bibliothèque royale de Bruxelles (nᵒˢ 9225, 9228 et 10326). Mais aucun de ces exemplaires ne correspond à celui décrit dans l'inventaire de 1420 comme relié de velours vermeil, et muni de fermoirs d'argent doré armoriés. On peut croire, par conséquent, comme pour le Tite Live donné par Dine Raponde, que ce manuscrit de la Légende dorée dut rester à Dijon après 1420. Ce qui tendrait à confirmer cette opinion, c'est que le premier volume inscrit sur l'état des livres saisis à Dijon en 1477 est précisément

« Une légende dorée, escripte en parchemin. »

(A suivre.) Paul DURRIEU.

(1) Peignot, *op. cit.*, p. 36.

(2) Peignot, *op. cit.*, p. 99.

(1) Dehaisnes, *Documents*, etc., p. 851.

www.ingramcontent.com/pod-product-compliance
Ingram Content Group UK Ltd.
Pitfield, Milton Keynes, MK11 3LW, UK
UKHW031930260826
14628UKWH00004B/1530

9 782019 714246